# 孩子
## 不专心

### 提升孩子专注力的 301 个秘诀

# 妈妈
## 怎么办

王意中 著

北京时代华文书局

**图书在版编目（CIP）数据**

孩子不专心，妈妈怎么办：提升孩子专注力的 301 个秘诀 / 王意中著 . -- 北京：北京时代华文书局 , 2024. 11. -- ISBN 978-7-5699-5779-2

Ⅰ . B842.3

中国国家版本馆 CIP 数据核字第 2024UA6583 号

HAIZI BU ZHUANXIN, MAMA ZENMEBAN : TISHENG HAIZI ZHUANZHULI DE 301 GE MIJUE

出 版 人：陈　涛
责任编辑：周海燕　李一之
执行编辑：崔志鹏
责任校对：初海龙
封面设计：程　慧
版式设计：王艾迪
责任印制：刘　银

出版发行：北京时代华文书局 http://www.bjsdsj.com.cn
　　　　　北京市东城区安定门外大街 138 号皇城国际大厦 A 座 8 层
　　　　　邮编：100011　电话：010-64263661　64261528
印　　刷：三河市兴博印务有限公司
开　　本：880 mm×1230 mm　1/32　　　成品尺寸：145 mm×210 mm
印　　张：8.25　　　　　　　　　　　　字　　数：224 千字
版　　次：2024 年 11 月第 1 版　　　　　印　　次：2024 年 11 月第 1 次印刷
定　　价：58.00 元

# 目录 ·················································· CONTENTS

专注力养成的301个秘诀指南 / 01

（第一章） **专注力的基本概念**

**提升专注力** / 002

问题一　孩子的专注力出了问题，怎么办？ / 003

问题二　怎么跟孩子解释专注力？ / 007

问题三　为什么孩子的专注力表现有时好、有时坏？ / 012

问题四　孩子对于专注没自信，怎么办？ / 016

（第二章） **专注力与书写能力**

**让孩子书写更专心** / 022

问题五　孩子写作业拖拖拉拉的，怎么办？ / 023

问题六　孩子常写错字、字写得很丑，怎么办？ / 029

问题七　孩子老是意兴阑珊、作业爱写不写的，怎么办？ / 035

问题八　为什么已经一对一了，孩子还是不专心？ / 041

（第三章） **专注力与阅读培养**

**让孩子阅读更专心** / 046

问题九　孩子阅读时跳行、漏字、抓不到重点，怎么办？ / 047

问题十　为什么孩子在家练习得好好的，到学校却考不好？ / 051

问题十一　孩子一边看书，一边听音乐，到底好不好？ / 055

问题十二　孩子对阅读提不起兴趣，怎么办？ / 060

### 第四章　专注力与电子产品的"恩怨情仇"

**提升电子产品的正向能量 / 066**

问题十三　为什么孩子只休息了一下，专注力就回不来了？ / 067

问题十四　该不该让孩子一边吃饭，一边看电视？ / 072

问题十五　为什么孩子只有打电玩时才专心？ / 077

问题十六　对孩子的专注力来说，电子产品真的是洪水猛兽吗？ / 082

### 第五章　专注力与时间运用

**有效运用时间 / 088**

问题十七　如何找出孩子最专注的时刻？ / 089

问题十八　如何让孩子在期限内完成事情？ / 094

问题十九　如何才能让孩子有时间观念？ / 099

问题二十　总是要不断提醒孩子做事情，怎么办？ / 105

### 第六章　专注力与整理效率

**提升整理效率 / 114**

问题二十一　如何教孩子整理书包？ / 115

问题二十二　孩子总是找不到东西，怎么办？ / 119

问题二十三　孩子的玩具老是乱成一团，怎么办？ / 127

第七章　**专注力与感官训练**

**提升五感专注力** / 132

问题二十四　孩子的视觉专注力很差，怎么办？ / 133

问题二十五　孩子的听觉专注力很差，怎么办？ / 143

问题二十六　如何让孩子的触觉、味觉及嗅觉更敏锐？ / 152

第八章　**专注力与日常生活**

**提升日常生活专注力** / 160

问题二十七　孩子专注力维持的时间很短暂，怎么办？ / 161

问题二十八　如何教孩子在家轻松玩出专注力？ / 166

问题二十九　如何让孩子借由购物、逛夜市来提升专注力？ / 173

第九章　**专注力与休闲娱乐**

**提升休闲娱乐专注力** / 184

问题三十　如何通过休闲娱乐活动强化专注力？ / 185

问题三十一　如何运用体能活动提升专注力？ / 195

问题三十二　如何利用动脑游戏磨炼专注力？ / 201

问题三十三　如何通过锻炼身体平衡感与协调性增强专注力？ / 208

第十章　**教室里的专注力**

**提升孩子在教室时的专注力 / 216**

问题三十四　真是孩子的专注力出了问题吗？/ 217

问题三十五　孩子老是漏抄或忘带联络簿，怎么办？/ 222

问题三十六　孩子的桌面总是一团乱，怎么办？/ 228

问题三十七　如何让孩子在教室里更专注？/ 232

【提升专注力】

问题一　孩子的专注力出了问题，怎么办？

秘诀001　认识集中性专注力

秘诀002　了解选择性专注力

秘诀003　明白持续性专注力

秘诀004　理解转换性专注力

秘诀005　清楚分散性专注力


问题二　怎么跟孩子解释专注力？

秘诀006　"戏"说专注力

秘诀007　让孩子举例

秘诀008　录下孩子专心的模样

秘诀009　录制精华片段


问题三　为什么孩子的专注力表现有时好、有时坏？

秘诀010　开启自我觉察

秘诀011　列出专心做过的事

秘诀012　制作专心存款簿

秘诀013　小心透支


问题四　孩子对于专注没自信，怎么办？

秘诀014　告诉自己："专心，我可以。"

秘诀015　转换新想法

秘诀016　熟能生巧

秘诀017　发现热情的源泉

秘诀018　产生多巴胺

秘诀019　在"浑然忘我"之外

【让孩子书写更专心】
问题五　孩子写作业拖拖拉拉的，怎么办？
秘诀020　写，就对了

秘诀021　火腿要一片一片享用

秘诀022　书写像打怪兽

秘诀023　好事在后头

秘诀024　酝酿爆发力

秘诀025　过犹不及

秘诀026　渐进式加码

秘诀027　划定书写的特定区

问题六　孩子常写错字、字写得很丑，怎么办？
秘诀028　告别橡皮擦

秘诀029　座谈会

秘诀030　找到问题根源

秘诀031　请看见我的美

秘诀032　抓对涂改的时间点

秘诀033　启动除错机制

秘诀034　请勿过多指责

秘诀035　贴心的提醒

问题七　孩子老是意兴阑珊、作业爱写不写的，怎么办？
秘诀036　教会孩子问题背后的知识

秘诀037　独立完成

秘诀038　别打持久战

秘诀039　激发学习动机

秘诀040　重整旗鼓

秘诀041　变换字体

秘诀042　正向的自我反馈


问题八　为什么已经一对一了，孩子还是不专心？

秘诀043　排除选择性配合

秘诀044　营造纯净的空间

秘诀045　淡色系空间

秘诀046　倾听孩子的意见


【让孩子阅读更专心】

问题九　孩子阅读时跳行、漏字、抓不到重点，怎么办？

秘诀047　绘本朗读

秘诀048　搜寻关键字

秘诀049　解释关键字

秘诀050　文章导读

秘诀051　对于角色的诠释


问题十　为什么孩子在家练习得好好的，到学校却考不好？

秘诀052　发现问题的症结

秘诀053　接受干扰的存在

秘诀054　单纯的考量

秘诀055　启动干扰模式

问题十一　孩子一边看书，一边听音乐，到底好不好？

秘诀056　随处阅读

秘诀057　戴上耳机

秘诀058　选定背景音乐

秘诀059　准备自选歌曲

秘诀060　跑马拉松的背景音乐


问题十二　孩子对阅读提不起兴趣，怎么办？

秘诀061　专注需要什么理由？

秘诀062　维持该有的表现

秘诀063　缓解专注力疲乏

秘诀064　放松大脑

秘诀065　电影与小说相呼应

秘诀066　开启我们的阅读之旅


【提升电子产品的正向能量】

问题十三　为什么孩子只休息了一下，专注力就回不来了？

秘诀067　定期检查转换性专注力

秘诀068　设定缓冲时间

秘诀069　超完美的无缝衔接

秘诀070　让刺激的活动压轴

秘诀071　减少隐形的浪费

秘诀072　转换的真本事


问题十四　该不该让孩子一边吃饭，一边看电视？

秘诀073　一次只做一件事

秘诀074　同步做事的必要性

秘诀075　条件反射

秘诀076　预防喧宾夺主

秘诀077　维持专注力质量


问题十五　为什么孩子只有打电玩时才专心？

秘诀078　电玩启示录

秘诀079　电玩，适可而止

秘诀080　刺激性游戏的危害

秘诀081　声光外控

秘诀082　专注的主控权

秘诀083　切换自如


问题十六　对孩子的专注力来说，电子产品真的是洪水猛兽吗？

秘诀084　科技始终来自人性

秘诀085　逻辑游戏

秘诀086　《猫咪传球》

秘诀087　《抓老鼠》

秘诀088　《铁路迷宫》

秘诀089　《鳄鱼小顽皮爱洗澡》

秘诀090　《水管大师》

秘诀091　输入关键词


【有效运用时间】

问题十七　如何找出孩子最专注的时刻？

秘诀092　选对时间

秘诀093　寻找最佳状态

秘诀094　留意迟钝的时刻

秘诀095　避免疲劳驾驶

秘诀096　适度休息

秘诀097　睡饱了才能专注


**问题十八　如何让孩子在期限内完成事情?**

秘诀098　数字，让专注力集中

秘诀099　设定截止期限

秘诀100　就是这时间

秘诀101　时间卡储值

秘诀102　时间红利点数

秘诀103　兑换喜欢的活动

秘诀104　内容设限


**问题十九　如何才能让孩子有时间观念?**

秘诀105　找到专属于自己的节奏

秘诀106　准备计时器

秘诀107　使用沙漏

秘诀108　猜时间

秘诀109　孩子，你那边几点?

秘诀110　预估时间

秘诀111　创造仪式

秘诀112　现在时刻，整点报时

**问题二十　总是要不断提醒孩子做事情，怎么办？**

秘诀113　取回自我的提醒权

秘诀114　音乐提醒

秘诀115　醒目的"三角窗"地带

秘诀116　资料保存

秘诀117　在脑海中演练

秘诀118　便利贴

秘诀119　随时汇总整理

秘诀120　专属日程表

秘诀121　贴心的语音备忘录

秘诀122　自创广告语

秘诀123　自定纪念日


**【提升整理效率】**

**问题二十一　如何教孩子整理书包？**

秘诀124　让物品回家

秘诀125　快取学习单

秘诀126　睡前做好书包检查

秘诀127　一个皮箱走天涯


**问题二十二　孩子总是找不到东西，怎么办？**

秘诀128　不落地政策

秘诀129　回避"三不管"地带

秘诀130　物品的社区

秘诀131　使用颜色区隔

秘诀132　遮蔽与展示的选择

秘诀133 用收纳盒装作业

秘诀134 巧用封口袋

秘诀135 少即是多

秘诀136 有多久没使用了

秘诀137 丢掉不能用的笔

秘诀138 依世界地图摆放


问题二十三 孩子的玩具老是乱成一团，怎么办？

秘诀139 划分玩具特区

秘诀140 餐厅的联想

秘诀141 分类好寻找

秘诀142 物归原位


【提升五感专注力】

问题二十四 孩子的视觉专注力很差，怎么办？

秘诀143 依样画葫芦

秘诀144 连连看

秘诀145 走迷宫

秘诀146 画路线图

秘诀147 熟悉猪尾巴与象鼻子

秘诀148 拼图——视觉辨识

秘诀149 拼图——从局部想到整体

秘诀150 字母搜寻

秘诀151 查字典

秘诀152 寻找一本书

秘诀153 搜索邮政编码

秘诀154　转动地球仪

秘诀155　威利在哪里？

秘诀156　万绿丛中一点红

秘诀157　大家来找碴儿

秘诀158　对视

秘诀159　单眼皮同学在何方？


**问题二十五　孩子的听觉专注力很差，怎么办？**

秘诀160　脉搏的跳动

秘诀161　前奏猜想

秘诀162　轻敲一首歌

秘诀163　打爆气球

秘诀164　善用节拍器

秘诀165　《听见天堂》

秘诀166　鼓声咚咚

秘诀167　对我趴

秘诀168　3、6、9不拍——基本版

秘诀169　3、6、9不拍——进阶版

秘诀170　拍手"叠罗汉"

秘诀171　听完一首歌

秘诀172　注意！"你我他"出没！

秘诀173　联想

秘诀174　你在叫我吗？


**问题二十六　如何让孩子的触觉、味觉及嗅觉更敏锐？**

秘诀175　爱捣蛋的手指头

秘诀176　在手心写字

秘诀177　用触觉辨识硬币

秘诀178　摸黑上路

秘诀179　用心去感觉手上的重量

秘诀180　下雨了，快跑

秘诀181　让味觉变敏锐

秘诀182　试汤底

秘诀183　好鼻师

秘诀184　嗅花香


【提升日常生活专注力】

问题二十七　孩子专注力维持的时间很短暂，怎么办？

秘诀185　少玩一些

秘诀186　多玩一些

秘诀187　玩出新花样

秘诀188　设定持续时间

秘诀189　成功是重要元素

秘诀190　研判合理持续时间


问题二十八　如何教孩子在家轻松玩出专注力？

秘诀191　打蚊子要快、狠、准

秘诀192　对准苍蝇，发射！

秘诀193　丢纸团

秘诀194　负责垃圾分类回收

秘诀195　抢接电话

秘诀196　兑奖

秘诀197　卡拉OK逐字唱

秘诀198　跟着儿童节目学唱歌

秘诀199　模仿秀

秘诀200　照相式记忆练习

秘诀201　合适的温度


问题二十九　如何让孩子借由购物、逛夜市来提升专注力?

秘诀202　购物任务

秘诀203　挑选水果

秘诀204　购物比价

秘诀205　快速找到制造日期

秘诀206　商品大搜索

秘诀207　核对票据金额

秘诀208　记账

秘诀209　数钱

秘诀210　购物路线规划

秘诀211　菜单点餐

秘诀212　逛夜市，寻找美食

秘诀213　捞鱼

秘诀214　只爱"黑姑娘"

秘诀215　套圈圈

秘诀216　套圈圈之家庭版

秘诀217　找车任务

**【提升休闲娱乐专注力】**

**问题三十　如何通过休闲娱乐活动强化专注力？**

秘诀218　走出家门——启动五感专注力

秘诀219　大海与沙

秘诀220　镜头下的美好

秘诀221　主题拍

秘诀222　随意拍

秘诀223　一镜到底

秘诀224　看云的乐趣

秘诀225　赏鸟与青蛙调查

秘诀226　凝视水珠

秘诀227　白鹭鸶觅食

秘诀228　缓慢的身影

秘诀229　采草莓

秘诀230　俊男和美女

秘诀231　地铁转乘——最省时的路线

秘诀232　领队先生／小姐

秘诀233　注意"反方向"

秘诀234　时刻表达人


**问题三十一　如何运用体能活动提升专注力？**

秘诀235　投篮

秘诀236　射门比赛

秘诀237　九宫格投球

秘诀238　乒乓球比赛

秘诀239　攀岩

秘诀240　骑独轮车

秘诀241　转换动作

秘诀242　跳竹竿舞

秘诀243　舞动人生


问题三十二　如何利用动脑游戏磨炼专注力？

秘诀244　猜数字

秘诀245　玩数独

秘诀246　下棋——"黑子与白子"

秘诀247　桌游——"画物语"

秘诀248　扑克牌——"分类游戏"

秘诀249　扑克牌——"配对记忆游戏"

秘诀250　扑克牌——"心脏病"

秘诀251　神奇扑克——"摸鼻子篇"（基本版）

秘诀252　神奇扑克——"摸鼻子篇"（变形版）

秘诀253　魔术表演


问题三十三　如何通过锻炼身体平衡感与协调性增强专注力？

秘诀254　穿针引线

秘诀255　立蛋挑战

秘诀256　丘比特射箭

秘诀257　电流急急棒

秘诀258　多米诺骨牌

秘诀259　纸牌之屋

秘诀260　搭积木

秘诀261　走直线

秘诀262　T型台走台步

秘诀263　抛接悠悠球

秘诀264　抖空竹


【提升孩子在教室时的专注力】

**问题三十四　真是孩子的专注力出了问题吗？**

秘诀265　乖，不等于专注

秘诀266　从结果反推

秘诀267　非战之罪

秘诀268　理解优先

秘诀269　找到问题根源

秘诀270　焦虑与分心


**问题三十五　孩子老是漏抄或忘带联络簿，怎么办？**

秘诀271　背下来，再抄写

秘诀272　担任联络簿誊写员

秘诀273　双重确认

秘诀274　给个大对号

秘诀275　大声说出来

秘诀276　作业依序堆放

秘诀277　补写，不罚写

秘诀278　关于后果的选择

秘诀279　反问的作用


**问题三十六　孩子的桌面总是一团乱，怎么办？**

秘诀280　铁板料理

秘诀281　只放有用的物品

秘诀282　自行判断

秘诀283　干湿分离

秘诀284　打造舒适的教室

## 问题三十七　如何让孩子在教室里更专注?

秘诀285　就是要好玩

秘诀286　加入"演"的元素

秘诀287　互"演"模式

秘诀288　走向学生

秘诀289　比赛有助于燃起活力

秘诀290　用眼神激起好奇心

秘诀291　宽容一些

秘诀292　全方位录像机

秘诀293　请发问

秘诀294　角色转换——学生变老师

秘诀295　练习出考题

秘诀296　任务在身

秘诀297　教室里的摇滚区

秘诀298　谢绝靠边的座位

秘诀299　专注,就有好反馈

秘诀300　分享换来专注力

秘诀301　发挥执行力

第一章

专注力的基本概念

# 提升专注力

我们常希望孩子的专注力好一点，这样他们的在校成绩自然而然就会高一些。但无奈的是，孩子总是不重视专注力。"专心一点！""认真一些！"爸爸妈妈虽然时刻在提醒，但还是没有得到孩子的回应。

"什么是专心？"

"嗯，这还要问？专心不就是那回事。"

"哪回事？"

"嗯，就……"

哇！糟糕，你会不会哑口无言？明明知道专心就是……却又说不出来。

如果家长都不知道专心是怎么一回事（不服气？那你说说看），那么我们又怎么能要求孩子保持专注呢？更何况，专注力是很难要求出来的。其实，如果轻松一点看待这件事，或许专注力就有可能"玩"出来。

"练功"之前，先来点基本的"开胃小菜"吧！和孩子一起认识专注力到底是怎么一回事，如此一来，至少能让孩子知道平时在练什么功。

专注力的"开胃五道菜"：1.集中性专注力；2.选择性专注力；3.持续性专注力；4.转换性专注力；5.分散性专注力。

这五种专注力分别含有不同的专注"营养成分"。

就像投资理财有赚有赔，很自然地，孩子的专注力表现也会时好时坏。"时好"，让孩子了解自己也可以保持专注；至于"时坏"，倒不是就让孩子两手一摊说"我就是这样"，而是要找出那个给孩子拖后腿的分心"精灵"。

人的想法很有意思，当你认为自己没办法专心时，分心就会顺着你的意来纠缠你。别忘了，没自信是很容易失败的。但是，如果你相信自己做得到，那么"专注之神"就有可能降临。要行动哟！

专注力是否能"重登舞台，精湛演出"，有时就在人的一念之间。

## 问题一
## 孩子的专注力出了问题，怎么办？

"专注力有问题？小翔的专注力怎么可能有问题？"小翔爸惊讶地问小翔妈。

"但是老师在联络簿（用于老师与家长沟通的簿子）上清楚地写了。是不是小翔在学校有些状况，我们并不太清楚？"小翔妈说。

"所以呢？老师要我们做什么？"小翔爸着急地问。

"他也没有明说，只是提到小翔上数学课时，总是和同学交头接耳，也不认真听讲，提醒了几次都没用。还有每回下课休息时，小翔只要和同学玩过'鬼抓人''红绿灯'这类游戏，回到教室后，心就很难收回来，分心问题也更明显。"小翔妈语气很无奈。

"这样就认为他的专注力有问题？哪个男孩小时候不是这样，就是一时玩过头了啊！"小翔爸不以为意，"我看他回家做功课都还好啊！也不像人家说的会拖拖拉拉到三更半夜。更何况，家里这么吵，也没听他抱怨。而且他各科成绩都在九十分上下，课堂表现也不错，老师怎么会认为他的专注力有问题呢？"

"唉！一句'专注力有问题'，看似是在好意告诉我们，但我怎么觉得好像什么都没有说，反而像引爆了一颗烟幕弹，我不仅被爆破的声音吓到了，还被放出的烟雾搞疑惑了。"小翔妈面有难色，"我刚刚上网搜了一下关于专注力的资料，发现还真复杂。单单种类就有五种，什么集中性专注力、选择性专注力、持续性专注力、转换性专注力和分散性专注力。唉！太专业了，看完后对于专注力更是一头雾水。原本我还以为专注力就是心里想的那回事。"

"哪回事？"小翔爸好奇地问。

"哎哟，你干吗考我呢！被老师说得心都烦了，你还问我，也不帮忙解决问题。我在想，或许每个孩子的专注力表现都不尽相同。而且专注力的种类这么多，老师看到的，跟我们认为的，不知道是不是同一种专注力。但无论如何，既然老师好意告诉我们，或许也是我们该做做功课的时候了。"小翔妈若有所思地说。

## 提升专注力的秘诀

秘诀001　认识集中性专注力

秘诀002　了解选择性专注力

秘诀003　明白持续性专注力

秘诀004　理解转换性专注力

秘诀005　清楚分散性专注力

**秘诀**

**001** **认识集中性专注力**

一个人在清醒的情况下，进行任何活动都需要集中性专注力，这是最基本的专注力之一。

以照相为例，拿起相机，让眼睛贴近取景器目镜，把镜头聚焦在要拍摄的人、事、物上，按下快门（拍出浅景深的效果最好，让主角明确、背景模糊）。若用许愿池来形容，即许完愿后，将握在手中的硬币顺势往池里一丢（当然得丢准，愿望才容易实现）。或者想象在天空盘旋、展翅翱翔的老鹰，如何瞄准及锁定眼前的猎物。

想一想，除了以上照相、许愿池许愿与老鹰猎食的例子外，你和孩子心中浮现的需要集中性专注力的场景还有哪些。

**秘诀**

**002** **了解选择性专注力**

孩子能将专注力集中在正在进行的活动上，而不受外界其他不相关刺激的影响。

例如，孩子正在书房里做功课。同一时间，客厅的电视传出海绵宝宝、派大星、蟹老板及章鱼哥的对话声，或妈妈在孩子身旁来回走动，弟弟妹妹在一旁玩耍，爸爸的手机铃声响起，窗外传来摩托车奔驰而过的引擎声等。这时，请观察孩子是否仍然能将专注力集中在"做功课"这件事情上。如果可以，就说明他具有良好的选择性专注力。

秘诀

**(003) 明白持续性专注力**

就像行驶中的电动汽车的电量一样，你可以留意孩子的专注力在正进行的活动中是否能维持一段合理的时间。

例如，孩子专注于眼前的画布，坚持将笔下的一幅风景油画完成。或者他能一口气完成凡·高画作《夜间咖啡馆》的拼图。

秘诀

**(004) 理解转换性专注力**

孩子从一项活动转移至另一项活动，而仍然可以维持该有的专注力表现。

例如，当孩子做功课做累了去休息，玩了十分钟在线游戏后，接下来请仔细留意，他的专注力是否能顺利回到功课上。这就好比在学校，孩子下课时到操场玩一玩，回到班里后是否能继续专注地上课。

秘诀

**(005) 清楚分散性专注力**

孩子能在同一时间做两件或两件以上的事。例如，在教室里一边听老师讲课一边做笔记，或在家里一边吃饭一边看电视。

如果孩子的集中性专注力表现不佳，那么要处理相对复杂的、需要分散性专注力的事情将更加困难（一件事情都做不好，更别想同时做好两件事）。

## 问题二
## 怎么跟孩子解释专注力？

"永智！我跟你讲了多少遍，叫你写字专心一点，你怎么还是听不懂？你这孩子，功课不做，还在玩《游戏王》卡片。马上把这些乱七八糟的卡片收起来，听到了没？"

永智妈双手叉腰，鼓胀着脸颊，双眼怒视着儿子。

"妈妈，等一下！我在找我的恶魔族怪兽卡！"永智左手拿着一叠《游戏王》卡片，皱着眉，东张西望地寻找不知掉落在何方的恶魔族怪兽卡。而桌面上，散落着的一张张不同图案的《游戏王》卡片，似乎在彼此较着劲。原先该写的语文作业早就被这些卡片淹没，失去了踪迹。

"永智，我再说一次，你现在应该干什么！听好，马上把卡片收起来，你到底有没有听到！不认真写字，老是玩些有的没的，书都不好好念。如果你再不专心念书、做功课，我就把你交给托管班来管，省得我心烦。"永智妈语带威胁地说。

"妈，什么是'专心'？"永智摸着头，一脸困惑地问，"从幼儿园的时候，你就一直跟我说要专心、要专心。但是，到底什么叫'专心'？"

突然被孩子问到这个似乎再熟悉不过的词语，一时之间，永智妈有种被打败的感觉。

"嗯，专心就是……"永智妈羞红着脸，绞尽脑汁地苦思着："这孩子竟然让我难堪。嗯，专心就是……"突然，灵光一闪，永智妈脱口而出："你也真是的，专心就是要集中注意力啊！"

永智听了，摸摸后脑勺，还是感到不解："妈妈，那什么叫作'集中注意力'？"

这回永智妈反应快了："嗯，集中注意力就是要认真啊！"

永智又继续问："那什么叫作'认真'？"

"嗯，认真就是要专心啊！"永智妈说。

这如同鬼打墙般的回答，等于什么都没说。虽然永智妈对于自己的回答沾沾自喜，但是永智仍然搞不清楚妈妈这些年来要求他的"要专心、要认真"到底指的是什么。他还是不知道自己该怎么做。

## 提升专注力的秘诀

秘诀006　"戏"说专注力

秘诀007　让孩子举例

秘诀008　录下孩子专心的模样

秘诀009　录制精华片段

秘诀
**006** **"戏"说专注力**

如果期待孩子的专注力有所提升，那么就先让他了解专注力到底是怎么一回事吧（说真的，家长更需要知道）！很多事若不深入去思考，我们对其也只是一知半解。专注力也是一样。

专注力其实是一种很生活化的经验与能力。先从孩子最喜欢、最熟悉的游戏出发，来让他了解专注力究竟是怎么一回事。

例如，可以这么对孩子解释：

"所谓的专注，就像妈妈带你去夜市捞鱼，你不是拿着工具对准水里的鱼追来追去想把鱼捞起来吗？捞鱼时，你眼睛时刻盯着鱼就是一种专注力。

"还有，你不是很爱套圈吗？想想看，你套圈时，眼睛是不是瞄准着前方的物品？那时，你的瞄准也是一种专注力。"

这两个例子向孩子简单地说明了专注力究竟是什么。

请动脑想一想，还可以举出什么样的例子让孩子了解专注力。多多益善哟！

秘诀
**007** **让孩子举例**

孩子需要你的例子，有了你的分享与示范，接下来，请让孩子自己举例，说出他心中的专注力是什么样的。相信孩子，他有能力依此类推，举一反三，慢慢说出自己对于专注力的理解。

关于专注力的举例，愈生活化愈好，愈贴近孩子自己的经验愈好。让孩子用他的方式说，只要他愿意开口说，例子说多了，关于专注力的基本概念就会在孩子脑海中慢慢浮现出来。

"我玩《愤怒的小鸟》时，只会在小鸟对准偷蛋猪之后，才放手把它发射出去。像这样是不是也是一种专注的表现？"

"每次我玩《游戏王》卡片时，都会仔细看上面人物的攻击力几分、防御力几分，再决定要打出哪张卡，这是不是也是一种专注的表现？"

不管例子好不好，只要孩子愿意开口说就好。

## 秘诀 008 录下孩子专心的模样

专心是什么模样？试着拿起手机，转至录像模式，将孩子专心做事的模样录下来，再反复播放给他看。

例如，录下孩子埋头做着一道又一道数学应用题，动笔计算并验算的模样；或录下他拿起画笔，尽情地在画纸上涂鸦与彩绘时的模样；或录下孩子目不转睛地阅读绘本的模样。

有了这些具体的画面，孩子专注的表现就容易再次出现。重点是，你开始录了吗？

## 秘诀 009 录制精华片段

重质不重量，录制的时间不需要太长。重要的是，把孩子专注表现的精华录下来，或许只有二十秒或三十秒的画面。相对来说，录制的时间较短，录下孩子专注表现的成功概率也较高。

让孩子重复观看记录自己专注表现的画面，专心的模样就容易深深烙印在他的脑海里。虽然录制的时间短，但将录下的二十秒画面重复播放十次，那么就等同于有了二百秒的画面。

多多录制并精选孩子专心做事的精华影像。什么是专心？什么是认真？答案就要呼之欲出啰！

## 问题三
# 为什么孩子的专注力表现有时好、有时坏?

　　在悦悦面前,所有铅笔的笔尖都断了,该削的铅笔一支也没削。她很仔细地把断掉的笔尖拾起来,放在桌上的小凹槽里,被染黑的手指则干脆直接在自己的蓝色裙子上擦拭。

　　悦悦翻开的数学课本仍停留在第56页与第57页。当然,这不是明天的考试范围。

　　悦悦从书架上拿出"The Orb Factory"(魔力球工厂)的磁铁马赛克拼贴,对盒内散乱成一团却又五彩缤纷的拼贴小碎片仔细地一片一片确认、摆放。嗯,可以看见完整拼图的雏形了,悦悦满意地微笑着。

　　但是,明天要考数学。

　　当然,悦悦并不是已经准备妥当、很有把握了,而是她实在提不起劲把数学课本翻到考试范围的那几页,并拿出纸笔,好好复习,用心计算。

　　要说悦悦的数学成绩不好,倒也不是。虽说她对于数学兴趣不大,但也不至于到讨厌的地步。但可以确定的是,弹奏尤克里里是她的最爱。在爸爸给她带尤克里里回来后,不到一星期的时间,她就已经可以弹那首《我不会喜欢你》。

但是，明天要考数学。

悦悦索性整理起书本，把上面的橡皮屑抖在地上，坐在书桌前，没事似的左顾右盼。

但是，明天要考数学。

"专心一点！"班上的数学老师常常这么说。

"不要分心！"悦悦妈也常常这么提醒。只是现在她正在厨房里面忙，所以还没有时间过来讲这句话。

悦悦也不怎么清楚自己的专注力是怎么样的，只是常常听大人说。说着说着，好像也煞有介事地认为自己很容易分心，至少对于数学似乎是如此。但怎么个分心法？为何分心？说真的，她自己也搞不清楚。

悦悦顺利地把最后一块磁铁马赛克拼贴到位。

但是，明天要考数学。

## 提升专注力的秘诀

秘诀010　开启自我觉察

秘诀011　列出专心做过的事

秘诀012　制作专心存款簿

秘诀013　小心透支

## 秘诀
**⑩⑩ 开启自我觉察**

关于许多事，一旦按下了"自我觉察"这道开关，就会有一个好的开始，当然，提升专注力这件事也不例外。

你可能抱怨说："我不知道跟孩子说过多少次不要再分心了，但哪里有用？他自己怎么可能不知道问题出在哪里？"

没错，你跟孩子说了，而且说了好多遍，但有意思的是，要么你说的孩子统统不买账："分心，那是你说的，我又不这样。"再不然，他照单全收地想："反正我就是这么容易分心。"别轻视"反正"这两个字，它是很可怕的，很容易让人情绪低落，认为"反正就是这样"。

但我们希望的是引导孩子通过自我觉察，如同时不时地翻翻零钱罐看看现在的可用余额还有多少一样，去了解自己的专心和分心情况。

不管怎么样，也要让孩子知道，他一定有专注的那一刻。

对孩子说加油，让他相信自己的专心"存款账户"里有余额！

## 秘诀
**⑩⑪ 列出专心做过的事**

孩子是如何分心的呢？我知道描述出来很容易，但是这一步先暂缓一下。先让孩子试着给自己一些肯定，让他想想自己曾经专心做过的事，一项一项地写下来。多多益善，专心存款愈多愈好。

例如：第一，和妈妈说话时，我的眼睛一直看着她。第二，我可以在十秒钟以内把书包里的联络簿拿出来。第三，我可以在二十分钟内完成磁铁马赛克拼贴。第四，睡觉前，我会把桌面清理干净。第五，我可以很专心地用尤克里里好好弹奏一首歌。

## 秘诀
### 012　制作专心存款簿

让孩子把他专心做过的事一点一点写下来，同时收集到小簿子上。这一本簿子将成为孩子的"专心存款簿"。翻着翻着，孩子就可以知道自己的专注力有多"富裕"，并珍惜这些通过自己努力得来的专注表现。

记录在专心存款簿上的内容明细愈具体愈好。孩子需要在专注力上好好理"财"——理个"专心财"。

## 秘诀
### 013　小心透支

和孩子一起想想，容易让他专心账户透支、出现赤字的，通常会是什么样的情况？

例如，桌面物品太凌乱，窗帘总是未拉上，客厅的电视声音太大，大人经常在一旁玩手机，或老是认为自己做不到（比如觉得自己就是学不好数学），等等。

每个孩子的专心账户出现赤字的原因都不尽相同。试着让孩子了解自己的收支状况——专心、分心表现，并计划在未来学会做好专心管理，这样才会比较有效率。

## 问题四
## 孩子对于专注没自信，怎么办？

"反正我怎么努力都没用，考来考去还不都是那个分数。"品佑叹着气。

"你认真一点不就行了。"小杰劝说。

"哪有那么简单？你不知道我的专注力有多差！只差没去看医生、吃药了。"

"你是说像胖达一样，每天吃一小粒那个圆圆的白色药片？"小杰问。

"哎哟，差不多！"品佑左手托着腮，右手随意翻着课本。

"品佑，你也别这么消极嘛！说真的，你连医院都没去过，怎么就知道自己的专注力有问题？更何况，我看你玩游戏倒挺认真的。"小杰笑着说。

"你别再挖苦我了好不好？上网打游戏哪能算啊！唉，我有自知之明啦！你不知道我一天要被说多少次，一会儿说我干这个不专心，一会儿又说我做那个不认真。别说我爸妈了，在班上，哪个老师不这么说？"品佑有气无力地把课本合上，"所以，再看书也只是浪费时间，倒不如现在去外面逛逛。"

　　"品佑，别这样嘛，看多少算多少，有不懂的再问我，我帮你呀！"小杰鼓励他。

　　"多谢啦！我就不浪费你宝贵的时间了。但是能认识你这样讲义气的哥们儿，算我有福气。或许哪天我认命了，就叫爸爸妈妈带我去医院，吞一粒那种神奇的药，说不定就真的开窍了呢！"品佑无奈地说着。

　　"拜托，什么药不药，你和胖达的状况差那么多，别把自己低估成那样。忍耐一下，明后两天就期末考试了。"

　　"不是我低估自己，是我本来就容易分心。更何况，我被说专注力有问题也不是这一两天的事了。好啦！真的感谢你，我先走了，不聊了，免得影响你看书。"

　　品佑把课本随手塞入书包里，脚步沉甸甸的，有些落寞地往阅览室外面走去。

### 提升专注力的秘诀

　　秘诀014　告诉自己："专心，我可以。"

　　秘诀015　转换新想法

　　秘诀016　熟能生巧

　　秘诀017　发现热情的源泉

　　秘诀018　产生多巴胺

　　秘诀019　在"浑然忘我"之外

秘诀

**014** 告诉自己："专心，我可以。"

与内心中的自我对话，是很神奇的一件事。试着让孩子练习告诉自己："专心，我可以。练习，我愿意。"同时，转变孩子看待自己的方式，例如，以正面的"我试着让自己专心"，取代较为负面的"我不能再分心了"，肯定自己付出的努力。

别吝啬，给孩子加加油、打打气，让孩子看见自己的专注力已经成功地凝聚。

秘诀

**015** 转换新想法

因为演讲的关系，我经常在台湾各处出差。住宜兰的我，常常会告诉自己："去台中以南是远足，去桃竹苗（桃园市、新竹市、苗栗县）是郊游，去北北基宜兰（新北市、台北市、基隆市、宜兰县）是踏青。"想着想着、说着说着，神奇的事就容易发生。我常常把工作当成玩游戏，所以不会感到累，不累，就容易工作得很专心、工作得很有效率。

如果孩子常常对于读书、写字心存厌恶，觉得是一种负担，那么他往往是看着、写着，心里就会暗示自己累了。你要和孩子一起调整一下对于这些事情的想法，试着从正面想想：专心像什么？读书像什么？写字像什么？只要能联想到让自己心情愉快的内容就可以。

我一直相信想法是可以改变的，而且正向的想法也会改变一些事。请和孩子一起找到属于自己的答案，练习用积极的态度解决困难，并且提醒自己："抱怨，对于提升专注力是没有任何作用的。"

## 秘诀

**016** **熟能生巧**

为孩子找到他擅长的事吧！让他处于熟能生巧的低耗能状态。孩子需要感受并拥有在这种低耗能状态下产生的轻松感、成就感及能力感。试着先让他从自己的优势与擅长的方面开始，体会这些踏实的感觉吧！

记住，练习专注力，要让孩子从他有优势的方面起跑，切勿一开始就让孩子投入他最苦恼的教科书旋涡里。

## 秘诀

**017** **发现热情的源泉**

当孩子全身心投入自己感兴趣的事物时，你会发现，他的热情源泉就在这里。而这份热情，往往也让他的专注力持续提高。

除了玩电脑、手机、游戏机之外，想一想孩子还有哪些兴趣，让他从兴趣里觉察到自己的专注力有多强劲、有多威猛吧！嗯，突然令人想要唱起来："我的热情，好像一把火，燃烧了整个沙漠……"

## 秘诀

**018** **产生多巴胺**

当孩子做自己喜欢的事情时，脑中所分泌的多巴胺便能为他带来快乐的心情。好心情，是维持孩子专注力的良药之一。和孩子一起找出能让他的多巴胺加速分泌的活动吧！在这里，好好了解孩子的专注力究竟是怎么一回事。

### 秘诀
**⓪19 在"浑然忘我"之外**

专注到"浑然忘我"，到底是不是一件好事？这就要看孩子当下的"选择性专注力"如何发挥了。以花豹为例，当它专注于眼前的猎物，一步一步前进时，仍然需要谨慎、敏锐地观察周围是否有威胁出现，例如猎人或其他更凶猛的动物。这当然也是生存的最基本法则，不只花豹要遵循，人类也要。

因此，当孩子积极投入并专注于眼前的活动时，依然需要维持适当的选择性专注力，可以忽略不相关的刺激，但仍要随时准备对关键、重要的事物做出反应。

第二章

专注力与书写能力

# 让孩子书写更专心

    如果票选"破坏亲子关系的'杀手'"，写作业这件事，或许理所当然地可以入围。若论戏剧张力，写作业这出戏自然也不在话下，配角（爸爸妈妈）往往演得像是主角（孩子），投注的时间、心力，有时还有金钱，总让自己的情绪浮动，甚至有时都巴不得自己跳下去演、跳下去写。

    配角老是越界，干涉这个，打断那个，却忘了动笔在写的终究还是主角，而且还是童星呢！

    或许爸爸妈妈会抗议："什么配角？我还是导演呢！"没错，说是导演也行（虽然幕后编剧是老师），面对演起戏来（写作业）像失了魂魄的主角，导演总会着急地想："不过拍一部戏，怎么拖那么久？"

    主角也说话了："还不都是你老爱喊'咔'！"（哇！这会儿却怪起导演来了？）

    "规矩一大堆，一会儿怪我写错字，一会儿嫌我字写得丑，一会儿又批评我字写得歪七扭八。不然你来写？"（说得好像爸爸妈妈没有什么同理心，但导演的心情又有谁了解？）

    写作业这出连续剧，有些孩子演得精彩无比，但能够乐在其中的应该不多；然而，也总有些孩子明明已经很卖力了，却仍演得不尽理想，成绩也并不好。

    既然进行了演出，那每个演员都多少会期待自己能表演好。不过，无论主角还是配角，在磨炼演技（训练专注力）的同时，都千万别伤了和气。

## 问题五
# 孩子写作业拖拖拉拉的，怎么办？

　　杉风用手捂着张大的嘴巴，连续打了好几个哈欠。望着眼前的英语课本，书上的单词像是在空中飘浮着一般，时而清晰可见，时而叠影交错。

　　"好累啊，我快不行了。"杉风干脆直接趴在了英语课本上，没多久便打起呼噜来，睡着了。他睡得很沉，嘴角的口水还沾湿了英语课本的边缘。

　　一回到家，就马上要坐在书桌前，这可以说是杉风家的家规。除非他很快把该写的字写完，把该读的书读完，否则便不能离开书桌。

　　"在书桌前坐久了，知识就是你的。"这是杉风妈老爱挂在嘴边的话。只是她有些误解，以为只要孩子坐在书桌前久一点，该有的专心就会回来。但事实似乎不是如此。

　　杉风算是听话的孩子，只是这会儿他真的累了。虽然明天有数学小考，但他的生理时钟已经不时在询问："你还不休息吗？"看得出来，这回他的电量真是快耗尽了。

　　"妈妈，放学以后，可不可以让我先出去玩一玩？每次一回来就要待在书房看书、做功课，很累啊！"杉风偶尔会向妈妈抱怨。

但是他虽然抱怨了，杉风妈就是不理会。"玩一玩？你没看你每次做功课都要做很久。还玩？把该做的事做完再说。"

"可是，为什么不能晚一点再看、再写？"这已经是杉风对妈妈最大程度的顶嘴了。嗯，说是顶嘴，倒不如说是在表达自己的立场。但是在家里，杉风妈说了算，这一点连杉风爸都不能太有意见。

"妈妈，那我做完功课以后，能不能看一小段《冰川时代》？"有时，杉风会提出这小小的要求。只是，妈妈总会立场坚定地回他一句："写完再说。没写完，什么都不要跟我讲。"

说真的，一回家就马上要开始读书、写作业，这对杉风来说，无论在体力还是在精神上，都是一件苦差事。加上写完功课之后，连"胡萝卜"的奖励都没有时，他看书、写字的动力就更弱了。浑身没劲儿，这是杉风最深刻的感觉。

书桌前，趴着睡的杉风还在继续打呼噜。他睡得很沉、很沉。

## 让孩子书写更专心的秘诀

秘诀020　写，就对了

秘诀021　火腿要一片一片享用

秘诀022　书写像打怪兽

秘诀023　好事在后头

秘诀024　酝酿爆发力

秘诀025　过犹不及

秘诀026　渐进式加码

秘诀027　划定书写的特定区

秘诀

**020　写，就对了**

把笔拿起来——这一个小小的动作，却需要大大的动力。

拖延、发呆——面对写字，孩子总是有千百个不愿动笔的表现。

鼓励孩子把笔拿起来吧，让他知道：写，就对了。或许在初期他只有三分钟热度，专注力的持续性也较差，但总比完全没有动静来得好一些。

你的笔，拿起来了吗？

秘诀

**021　火腿要一片一片享用**

我想，你应该不会选择直接把整条火腿拿起来啃吧？除非你的咀嚼能力好、食量大、胃口佳、消化吸收能力强。所以，为了避免被噎到，请拿起刀子，将火腿一片一片切下。细细品尝才能感受到美味，重要的是，一片一片地吃，自己才不会反胃。

做功课这件事，和吃火腿一样。

转个弯，试着让孩子把作业分段、分批来写，先完成一部分，甚至只是小小的一部分也可以。这让孩子有一种"我也可以做到"的成就感，对他完成全部作业有很大的加持力量。

秘诀

**022　书写像打怪兽**

孩子讨厌做功课？那么，不如教孩子把做功课这件事当成"打怪兽"来进行。

面对眼前不甚讨喜的语文、数学和英语"三怪"，引导孩子发挥想象力，拿起笔，就像手持一把利剑，有如王子般开始斩妖除魔。可以一次摆平"三怪"，或是一个一个消灭。燃起孩子"打怪兽"的斗志吧！看看他有多厉害。

不要小看想象力的威力哟！

### 秘诀
### 023 好事在后头

当孩子面对眼前枯燥乏味的作业，觉得食之无味又弃之可惜时，给孩子一点奖励、甜头，就像给兔子吃胡萝卜一样，往往有助于激发他加速完成作业的积极性。

不妨让孩子想想，写完作业后，他可以做什么事情来奖励自己。例如：

"把家庭作业写完以后，我就可以出去骑自行车了。"

"等作业写完了，我想喝一瓶饮料。"

"坚持一下，把该做的事做完，我就可以好好地看《冰川时代》了！"

### 秘诀
### 024 酝酿爆发力

有些孩子在做功课时适合采取"分段"的策略；有些孩子则倾向于使用爆发力：把要进行的事先在脑海中酝酿，蓄积书写的能量，随后选一个"良辰吉时"，在自己认为最佳的状态下，一次性把作业写完（请不要告诉我黄历说今日"诸事不宜"）。

但在让孩子使用这种力量之前，一定要先确认，孩子的自制力已经能够维持一定的水平，至少鲜有拖延的前例可循。

让我们一起来协助孩子，爆发一次性写完作业的力量吧！

## 秘诀 025　过犹不及

要维持长时间的专注，是很耗费心力的一件事。所以，请勿走入"每次一定要维持多久的专注时间"的迷途。限定一次必须专注多久，有时反而容易让孩子受到过度压力，得不偿失，除非你对孩子专注力持续的时间有把握。

## 秘诀 026　渐进式加码

对于大部分的孩子来说，做功课总是耗心费力、不惹人爱的一件事。因此，在孩子一开始写作业时，专注力保持的时间或许短了一些，但是请给他机会，让他慢慢来。

想要提升孩子专注力的持续性，有时候需要先"预热"一下，再逐渐添加"燃料"。

不妨从保持十分钟的专注力开始，逐渐延长每一回专注做功课的时间，然后升级到十五分钟、二十分钟，甚至三十分钟或一个小时。

让孩子看见自己在专注时间上慢慢累积的成果。

秘诀

**027** **划定书写的特定区**

孩子写作业时，是否像野马一般，在家里四处游荡？除非你的孩子是例外，边游荡边写作业的效果很好，否则建议你让孩子在特定的区域内完成这件事。

让孩子在同一个空间里进行相同的事。例如，让孩子尽量在书房写作业，避免像以前一样，时而在客厅，时而在卧室，时而在书房。

让孩子在同一个地方写作业，可以帮助他马上进入状态。

## 问题六
## 孩子常写错字、字写得很丑，怎么办？

"阿楷，你在鬼画符是不是？都五年级了，字还写成这样，统统擦掉重写！"阿楷妈用力把橡皮擦往桌上一扔，一不小心，橡皮擦弹跳到桌子底下，阿楷看见这一幕扑哧笑了出来。

"笑什么笑？给我捡起来。听到没，全部擦掉重写！"阿楷妈板起脸，看起来比阿楷爸还严肃。阿楷瞬间收起脸上的笑容，弯腰捡起橡皮擦，也随手将刚才掉在桌子底下找了老半天都找不到的半颗扭蛋捡了起来。

"你还在到处乱摸？扭蛋拿过来！搞什么鬼，写个字老是要折腾大半天。"阿楷妈总是认为，对于阿楷写作业这件事应该采取高规格的强硬态度，否则专注力老是不集中的阿楷马上就会在"夹缝中求生存"，又自顾自地玩起来。

"为什么一直要重写？烦死了。又不是你来打分，老师也没有说字丑啊！老是爱唠叨，不然你自己来写啊！"阿楷小声地嘀咕着，就怕被在一旁忙着的妈妈听见。

其实，原本阿楷是不排斥写作业的，虽然他常常都比其他同学写得久。然而，一遍又一遍地重写这件事令他感到很厌烦。

阿楷承认自己爱边玩边写，有时一玩下去，就忘了再继续写。也是因为这样，阿楷妈决定亲自坐镇，盯着他写作业。

"我可告诉你，阿楷，妈妈以前在公司当秘书的时候，字写得很工整，一笔一画，清清楚楚。哪像你现在，写的字东倒西歪的，乱得不像样。我不管你的老师要不要求，别忘了，我是你老妈，你可是我一辈子的儿子。字写好看一点儿，听到没？"

迫于无奈，阿楷拿起橡皮擦在作业本上擦了又擦。因不断擦拭而变皱、显得过薄的纸，让他在写字的过程中慢慢积了一肚子火，特别是不小心把作业纸写破时。

每回写作业都耗这么久，单单在作业上花掉的时间就让阿楷做不了其他事情了，看似坚定不移的阿楷妈，其实也快招架不住了。

"如果老师对他的字都不是那么介意，那我为什么还这么执着呢？"

说真的，阿楷妈也矛盾了。只不过，一想到老师顶多带孩子两年，自己和阿楷的关系却要维系一辈子，阿楷妈又觉得该要求就必须要求。放手，门儿都没有！

## 让孩子书写更专心的秘诀

秘诀028　告别橡皮擦

秘诀029　座谈会

秘诀030　找到问题根源

秘诀031　请看见我的美

秘诀032　抓对涂改的时间点

秘诀033　启动除错机制

秘诀034　请勿过多指责

秘诀035　贴心的提醒

## 秘诀
### 028　告别橡皮擦

请回想一下，当你坐在孩子身旁陪他做功课时，你手上拿的东西可能是什么？

藤条？当然不要。橡皮擦？最好也少碰为妙。

书写，总是需要一点感觉、一股劲，尤其是当孩子好不容易下定书写的决心，开始一笔一画、一字一句在作业本上写时，聪明的你，请不要打断他写字的状态。特别是请勿直接拿起橡皮擦，要求孩子当下进行涂改。

当然，你可能觉得"有错就要马上改，这样才印象深刻，下次不会再犯错"，但很抱歉，这样做常常会事与愿违。你的打断，反而往往破坏了孩子专注力的持续性。

请放下橡皮擦，不做孩子的专注力"杀手"。

秘诀

**029** 座谈会

字到底该写成什么样？或许该开个座谈会，小孩、父母和老师一起坐下来讨论。

文字是一种记录、表达信息的工具。只要字体清楚，能够被辨识出来，没有多一撇、少一画，或者大到格子装不下、小到无法辨识，否则字美不美，往往是一种主观的认定。

如果你常因为觉得孩子的字写得不美，就要求他反复修改，这可能会破坏他写字的兴致。当然，孩子专注力的持续性也会跟着遭殃。

秘诀

**030** 找到问题根源

如果你实在无法接受孩子写出来的字很丑，也许要进一步考量，孩子的握笔姿势或对力道的控制等是否不到位。因为字丑而无法达到你对美的标准，不全然是孩子分心的错。唯有弄清问题、解决问题，才能帮助孩子在书写之路上一劳永逸。

秘诀

**031** 请看见我的美

不管孩子的字写得再怎么丑，在他的写字本上，你也多少能发现他所写下来的相对美丽的字。

请让孩子看见他写得相对美的字，以这相对美的字为模板，让孩子以此为参考，练习写字，和自己做比较。如此一来，将有助于激励他将接下来的字写得更好。

## 秘诀
### 032　抓对涂改的时间点

先让孩子写完再说其他的事吧！让他感受一下做完一件事的成就感。就算要涂、要改，也多少先让孩子享受一下完成一件事后的轻松感。

别忘了，动笔写字的是孩子，写完字让孩子休息一下。

## 秘诀
### 033　启动除错机制

要除错，请先放手让孩子练习自己动手检查作业。有些经验是由不断练习得来的。而发现写错字、误解题意或计算错误的事，也需要孩子自己来体验。

比起老是被别人指出错误，自己发现错误对心情的冲击多少会缓和一些（但请留意孩子是否以史上最快的速度浏览一遍作业，随后脱口回答"检查好了"来敷衍你）。

## 秘诀
### 034　请勿过多指责

当孩子做错事时，大人总觉得应该在第一时间跟他讲，而且要讲得很仔细，这样他才能改正。但有时候真的会事与愿违，结果往往是孩子的心情更低落，对自我的肯定更加不足。

板起脸，伸出手指，数落着"这里错、那里错"的纠正，对于孩子专注力的持续不见得是好事。

### 秘诀
**035** **贴心的提醒**

孩子总是无法发现自己犯的错的时候，才是你能为他点出错误的时机。你可以在题目前轻轻地打个钩，或将错误圈起来，有时也可以使用便利贴，贴在一旁以示提醒。只要是彼此事先沟通好的，任何形式都可以。

事先问问孩子，对于向他提出错误或需纠正的部分，他希望你怎么做。

## 问题七
# 孩子老是意兴阑珊、作业爱写不写的，怎么办？

"晓东，你看看现在几点了？一张数学试卷拖拉着做这么久，而且错误一大堆，你的心思到底有没有放在这上面？再这么耗下去，我看你今天晚上根本就不用睡了。"晓东妈说。

晓东打了一个好大的哈欠，看起来十分疲惫。

"你竟然打哈欠，没写完就困了！认真一点啦！有没有听到？"妈妈话才说完，顺手敲了敲桌子，随后就到卧室整理衣服去了。

这一敲，虽然让晓东"唉"了一声，但可以确定的是，并没有将他写作业的动机给敲出来。他继续趴在桌上，拿着铅笔无力地在试卷上敲着。

"你是要我坐在旁边监督，你才会动是不是？"晓东妈整理完衣服又绕回书房，看到眼前无精打采、意兴阑珊的晓东，一股烦躁的情绪又浮上心头。

说真的，妈妈坐在一旁，对于晓东写作业的帮助十分有限。而且，今晚并不是这出戏第一次上演，类似的剧情已经连续上演好几个月了。

其实，晓东妈的不耐烦也蕴藏着焦虑与烦恼，因为单单完成家庭作业这一件事，老师已经不知道和她沟通过多少遍了，特别是老师常强调"辖区要分清楚"，这也是在告诉她，孩子在学校的表现由老师负责，但监督孩子完成家庭作业这件事应该由父母来承担责任。

"晓东妈，这说不过去吧！联络簿不都是你在签名吗？他的作业为什么老是漏掉一些或出现一堆错误呢？"晓东妈很怕老师提这一句话，因为这句话其实也在暗示："你这个做妈妈的，到底有没有在负责任？"

"但孩子对写作业这件事意兴阑珊，我又能怎么办？"晓东妈心想。

### 让孩子书写更专心的秘诀

秘诀036　教会孩子问题背后的知识

秘诀037　独立完成

秘诀038　别打持久战

秘诀039　激发学习动机

秘诀040　重整旗鼓

秘诀041　变换字体

秘诀042　正向的自我反馈

秘诀
**036 教会孩子问题背后的知识**

发现孩子的作业真的错太多时，先确认他是否理解问题背后的知识比将错误归咎于他的专注力更重要。

如果孩子知识基础不到位，就先教会他吧！否则在他"不会"的情况下催他完成作业，只是白白耗费他的心力与时间。

秘诀
**037 独立完成**

若你选择放手，让孩子独立完成作业，最好先确认作业的难度在他的能力范围内，或难度不会高出太多。

如果孩子能够顺利完成作业，那么这回的专注力就是他自己努力得来的，而非你在旁提醒或督促的功劳。

秘诀
**038 别打持久战**

要是孩子在放学后花了好长的一段时间写作业，且中间总是断断续续、走走停停的，重点是还写不好、写不完，导致其他的活动或事情就此搁置，这真的不是一件好事。

记得别打持久战，因为继续打下去，只会消耗时间，让孩子长期处于没有效率的状态。孩子在这种情况中陷得越久，他的这种低效率模式就越容易固定。

但是不这么做，又能怎么办？我想，该回到大人对大人的沟通——亲师沟通了。

### 秘诀
**039 激发学习动机**

当持久战或消耗战继续下去，另一件令人担心的事情是，孩子的学习动机恐怕会像溜滑梯一样，就此下滑至平地。

滑下去很容易，但要走楼梯爬上来却很困难。

为了激发孩子的学习动机，应该先搞清孩子是否因生理缺陷（如"注意缺陷多动障碍"）、基本认知概念不足、书写动作不佳等原因才导致书写时间过久。

找出核心问题，才能切实改变现状。

### 秘诀
**040 重整旗鼓**

如果最后确认了是孩子专注力方面的问题，那这便是我们重整旗鼓的时候了。

如果孩子有生理缺陷，你要试着和老师沟通，依照孩子的情况与特质，在作业量上做适度的调整。

### 秘诀
**041 变换字体**

若孩子用电脑写作业或做报告，并长时间用宋体或楷体等惯用字体进行文字输入，当面对眼前显示屏上的熟悉字体时，有些孩子容易视觉疲乏，专注力开始涣散，专注力持续时间会随即变得短暂。

你可以试着教孩子通过变换字体来转换自己的心情，同时让自己的专注力持续更长时间。无论用什么字体，只要对孩子有用，能够增强他的专注力持续性，就都可以使用。

这一招，对于需要长时间打字以完成文章的我来说，可是非常有帮助的哟！因为有些字体让人感到轻松，有些则令人感到沉重，而在文字输入的当下，变换不同的字体对我而言，就像是在进行一次轻松自在的情绪转换。

## 秘诀
## 042　正向的自我反馈

当孩子一开始面对眼前的作业或试卷，觉得题目似乎太多了，而感到心灰意冷、写不下去时，你这时真的需要协助他稳住情绪，让他给自己一股正向力量的加持。

别忘了，想法的力量是很大的。

引导孩子在面对这些作业或试卷时，适时地反馈给自己（自我内心对话）"已经完成""只剩多少就要完成"的正向提示，这些提示会让孩子产生一股想继续完成的动力。

例如，孩子面对10道数学题时，每计算完1道题便在心中告诉自己：完成1道题了、完成2道题了、完成3道题了、完成4道题了、完成5道题了……嗯，果然有进展，像堆高塔一样，一层一层地看见了大楼的模样。

而当完成度已经超过一半时，接下来反馈给自己的方式改为：只剩4道题了、只剩3道题了、只剩2道题了、只剩1道题了，完成啰！需要完成的任务逐步减少，心中多少会感到轻松一些。

我在学生时代绕着操场进行长距离跑步时，这个方法非常派得上用场，对于增强专注力持续性有很大的帮助。当然啦，除了专注力，我的耐力也很好。

## 问题八
# 为什么已经一对一了，孩子还是不专心？

天恒妈板着脸，用食指敲了敲桌面。天恒回过神来，望了正前方的妈妈一眼，像犯了错似的羞红了脸，抓了抓后脑勺，随后看似认真、快速地来回读着试卷上的题目。

写着写着，没多久，他的目光又悄悄地飘向墙上那张醒目的《航海王》大海报。只见他一下子对着路飞微笑，一下子又将视线移向索隆，时而用手比比娜美，不一会儿又盯着乔巴发呆。

"你的眼睛在看哪里？"这回，天恒妈索性把手上的橡皮擦朝他的头丢了过去。

"哎哟，妈妈你在干吗？很痛啊！"

"我在干吗？我才想问你到底在干吗！"天恒妈双手叉腰，带着火气反问。

"干吗打我的头，很痛啊。"天恒嘴里嘀咕，继续低头做着那一张看似永远做不完的试卷。然而没过多久，他开始一会儿用嘴咬咬笔头或翻翻铅笔盒，一会儿看看窗外，甚至玩起了书桌上的玩具摆件。

"你能不能给我专心一点！"天恒妈逐渐失去耐心，重重地敲着桌面，加大嗓门嚷着。她自认已经很努力在陪伴孩子做功课了，但天恒的漫不经心让她感到既生气又力不从心。

"你一张试卷到底要写多久？现在书房里就只有我们两个人，你都可以分心成这样了，我实在无法想象教室里那么多人，你到底怎么上课？难怪老师不时抱怨，甚至暗示我要带你去医院做评估！"

天恒妈一方面对着儿子大吼，一方面内心却百思不得其解："不是已经一对一了吗？这孩子的专注力怎么还是差成这样？"

每天放学后，她和孩子光在写作业、做试卷这些事情上，就耗费了许多时间。"到底该如何是好？"天恒妈困惑着。

---

**让孩子书写更专心的秘诀**

秘诀043　排除选择性配合

秘诀044　营造纯净的空间

秘诀045　淡色系空间

秘诀046　倾听孩子的意见

---

**秘诀**
**043 排除选择性配合**

若孩子在一对一的情况下，特别是当下所处的环境相对很安静，但还是无法维持专注力时，你可能需要好好搞清楚孩子的专注力状况了。因为当最基本的"集中性专注力"都出现了瑕疵，那他在选择性专注力、持续性专注力、转换性专注力及分散性专注力方面就更难有好的表现了。地基没打好，是很难盖起高楼的。

在此，请先排除孩子"选择性配合"的态度问题。

例如，在爸爸面前，有的孩子可以在一定的时间里把作业完成，但在妈妈陪伴时却不愿意动笔写，或故意拖延写作业的时间，这里的问题出在孩子"是不为也，非不能也"的选择性配合状况上。

如果是这种情况，需要调整的重点就不是孩子的专注力状况了，而是亲子关系。

## 秘诀
### 044　营造纯净的空间

为提升孩子最基本的集中性专注力，请先试着营造出一个纯净的空间，让视觉与听觉刺激减少，移除不必要的干扰源，这对孩子脆弱的专注力来说会是一种贴心、友善的对待。

如果在如此友善的空间里，孩子的专注力仍然涣散，这时，你应该再度提高警觉，留意孩子的专注力状况是否已明显亮起红灯，甚至应该考虑是否该进一步寻求相关专业医疗机构的协助。

## 秘诀
### 045　淡色系空间

所处空间的色系，对于孩子的专注力与情绪，会产生一定的影响。选择纯白或淡色系的空间，色彩不需过于缤纷，这样多少可以让诱发孩子分心的因子少一些。

建议你持续观察孩子在不同色系空间里的表现，以选定适合他、可以让他的情绪趋于平静与稳定的色系。

## 秘诀
### 046 倾听孩子的意见

笔毕竟握在孩子的手上，怎么写、愿不愿意写，他多少应该有些决定权。不过，让孩子完全自己做主，他的专注力是否真会像没了刹车的自行车，只能一路往下坡冲？这一点则让人有些怀疑，因为至少用脚踩地也能有些缓冲作用。

在环境的选择上，或许你已经做得足够好，没什么可挑剔的了，更何况现在是处在"一对一"的最理想状态，但孩子却仍然无法专心写作业——这时，该是抛出问题的时刻了。

"我要怎么做，你才会专心写作业？"试着听听孩子的想法，尊重他的意见，也许他会讲出令你意想不到的答案。

第三章

专注力与阅读培养

# 让孩子阅读更专心

　　孩子能够好好看书（最好是教科书），是许多家长衷心期待的。但在要求孩子好好看书之前，我们可能要先自问："我最近看了哪一本书？"

　　在真正进入阅读模式之后，看书会是一项需要充分使用专注力的活动。阅读虽然不大容易成为一种消遣方式，但如果真能成为学生的兴趣所在，家长们不知道会有多开心。无论如何，我要在此强调，阅读还是可以让人快乐的！

　　家长真的要小心，别坏了孩子阅读的胃口。"唉！爸爸老是强迫我吃讨厌的菜。""妈妈，别再要我拿掉耳机啦！"当他的胃口差了、心情坏了，专注力的引擎就很容易空转，会白白耗费燃料。

　　如果你发现孩子阅读时总是有跳行、漏字或抓不到重点之类的困扰，请你先给自己掌声鼓励，因为你已经细微地觉察到孩子在阅读上的异样了。这比一句"还不给我专心念书"好太多了！至少，你知道了问题在哪里。

　　当孩子对阅读提不起劲时，千万别再拿教科书泼他冷水了。想要有"劲"，乐趣最重要。而要维持"劲"，避免大脑疲乏，那么维持新鲜感是很关键的事。

　　希望孩子阅读时能保持专注，我们总得帮孩子做点事。

## 问题九
## 孩子阅读时跳行、漏字、抓不到重点，怎么办？

"明坤，我一直很纳闷你到底是怎么看书的，是乘高铁吗，速度这么快？没两下就把一页看完了。如果真这么厉害，那为什么考试还是一塌糊涂，老是被老师批评题目没看清楚？"明坤妈问。

"哎哟！不就是那样看书。"明坤的回答四两拨千斤。

"哪样？"明坤妈侧着头问。

"就那样啊！"明坤显得不耐烦，对于妈妈的疑问懒得回应，随手把手上的《牧羊少年奇幻之旅》合上。

"来，你说一下刚才读了什么内容。我倒想听听看问题到底出在哪里。"

"干吗说给你听，反正读书就读书，你好啰唆！"明坤自己心里清楚，虽然看似读完了一本书，但说真的，他还是不知道内容的重点是什么，读跟没读好像没什么两样。

"所以我就说嘛，你心里有鬼，一定没认真读，对不对？"妈妈似乎发现了明坤的心虚。

"反正你爱怎么说就怎么说，懒得理你啦！"对于老是被妈妈纠正阅读这件事，明坤是真的感到厌烦了。他心想："讲这么多有什么用，还不是一样？"

他知道，自己对阅读的耐性真的没那么多，有时在认真看了一行之后，眼神似乎就会开始飘移。然而，关于跳行和漏字的问题，要是老师不提醒，他也搞不清楚自己到底跳了哪一行、漏了哪些字。

至于明坤妈，她总觉得孩子似乎对阅读漫不经心。直觉上，她有些怀疑明坤是不是在专注力方面出了些问题，特别是孩子升上五年级后，成绩每况愈下，让她着急得不知该怎么办。

明坤爸总是说："要是再不认真，就骂他两句、拿巴掌吓吓他，应该会好很多。"但这一点，明坤妈确定一点作用也没有。

## 让孩子阅读更专心的秘诀

秘诀047　绘本朗读

秘诀048　搜寻关键字

秘诀049　解释关键字

秘诀050　文章导读

秘诀051　对于角色的诠释

秘诀
**047** **绘本朗读**

孩子阅读时跳行、漏字的情况，总是让父母一个头两个大。其实，孩子自己也一样不开心。试着让孩子练习朗读，至少能清楚地知道他对生字的辨识能力。

为了帮助孩子提高阅读能力，建议他先从文字较少的绘本开始（虽然他可能会认为你太小看他了）。让孩子一句一句来，随着字体的大小变化，调整音量大小进行朗读。有时让孩子根据绘本中的文字内容，调整朗读的语调，让他带着感觉与情绪，这有助于提升他阅读时的专注力。

秘诀
**048** **搜寻关键字**

面对眼前满满的文字，有时只见孩子搔着头、皱起眉，接着摇摇头，双手一摊说："我放弃了！"此时，不妨试着让孩子拿起红笔，练习圈出关键字。

至于关键字如何界定，你可以先说明或示范，让孩子在一篇文章里把自己认为重要的关键字圈出来。

秘诀
**049** **解释关键字**

当孩子把某些字词圈出来后，你就有机会知道他的想法。当然，你也可以让孩子自己说说为什么要圈出这些字词，听听他的想法，不然孩子看归看，你还真的不知道他看进去了些什么。

## 秘诀

**050** **文章导读**

好的标题或书名，让人可以一眼就了解到文章内容所要强调的重点，同时，也让读者有了想要继续看下去的动力。试着和孩子一起讨论对标题或书名的看法，可以选择在阅读之前、阅读之中或阅读之后，相互进行分享。

如同导读一般，从孩子对于标题或书名的看法多少可以知道他对于当下所阅读的文章或书本的理解程度，以及他在阅读过程中是否维持了适当的专注力，是否充分掌握了其中的关键点与重点。

## 秘诀

**051** **对于角色的诠释**

在小说或电影的故事中，有主角、配角、路人甲、路人乙等，试着和孩子讨论他对于故事里各个角色的理解。例如《哈利·波特》里的哈利、赫敏、罗恩、邓布利多、伏地魔与马尔福等，或《航海王》里的路飞、索隆、娜美、乌索普、香吉士、乔巴、罗宾、弗兰奇、布鲁克等。

让孩子慢慢通过对人物的了解，试着读出这些人物的味道与他们彼此之间的关系，学习掌握故事里的关键信息。当关键信息被抓住了，孩子阅读时的专注力也就形成了。

## 问题十
## 为什么孩子在家练习得好好的，
## 到学校却考不好？

"老公，你不觉得很奇怪吗？芹芹这孩子每次都是今天在家里还会做的题，隔天到学校一考试就打折扣，但是相同的题目拿回家再算一次，又对了。你不觉得很邪门儿吗？"芹芹妈有些疑惑地问丈夫。芹芹爸一头雾水地两手一摊，也想不通问题到底出在哪里。

"我可以确定芹芹是很认真的！"芹芹妈话一说完，芹芹爸也点头表示同意，"你看她每次在书房里都那么专心地准备，文章一段一段地仔细看，试卷一道题一道题地仔细想、仔细写和仔细算。"

"所以你的意思是，她在学校考试时都没仔细看？"芹芹爸问。

"我怎么会知道呢？可是照理说，芹芹在家这么仔细，在学校应该也会很仔细才对啊！"芹芹妈补充。

"嗯，我也这么想，芹芹这孩子在学校是很乖的啊！"芹芹爸右手抚摸着下巴，疑惑地说。

"是真的很乖啊！我也没听老师抱怨过。我一直很纳闷，问题到底出在哪里。这些题目芹芹在家里都会，为什么在学校一考试就容易错？难道是教室的风水不好？"芹芹妈猜想。

"什么风水不风水的，你还迷信这个？"芹芹爸不以为然地回答。

"那不然你告诉我，问题到底出在哪里？"芹芹妈继续说，"你看，每回芹芹在复习功课时，我们都是同时把手机调成静音模式，连震动都取消了，让书房保持安静，就怕影响她的专注力。怎么才过了一个晚上，到学校的表现就差那么多？"

"老婆，我刚刚在想，芹芹的能力应该没问题，不然她在家做练习题或带错题回来更正时，为什么几乎都对？我们都知道芹芹在家是很专心的，但她在学校是否一样专心，这一点我开始有些怀疑了。"芹芹爸说。

"在家里，我们不是尽可能让环境保持在干扰最少的状态以帮助芹芹更专心吗？"芹芹妈疑惑着。

"嗯，我想或许问题就在这里。"芹芹爸似乎想到了问题的关键所在。

## 让孩子阅读更专心的秘诀

秘诀052　发现问题的症结

秘诀053　接受干扰的存在

秘诀054　单纯的考量

秘诀055　启动干扰模式

秘诀
052　发现问题的症结

你可以发现，孩子在纯净的空间里往往能够专注地完成他应该做的事。但是，当环境中开始存在一些不相关的干扰、刺激时，孩子的专注力便要被迫接受挑战，他的专注力渐渐涣散了，开始分心。这时你面临的问题是，尽管孩子的集中性专注力良好，但他的选择性专注力的功力不强。

为何孩子的选择性专注力的功力不强呢？不见得是孩子本身的专注力不好，而是平时没有勤练这方面，功力自然就不强。

你可能会质疑："可是我们练习了啊！"没错，是练习了，但你练的只是"集中性专注力"这一招，而少了"选择性专注力"那一式。

秘诀
053　接受干扰的存在

虽然刺激因子少的单纯环境对于提升孩子的集中性专注力有明显的帮助，但是，孩子在校园里的实际生活圈与学习圈不太可能维持在"真空"状态。

你得接受校园里一直都存在干扰这个事实。

想要提升孩子的选择性专注力，适当的刺激与干扰仍然有其必要性。任何事物都有存在的价值，连噪声干扰都有提升孩子专注力的积极作用。

## 秘诀

**⓮** **单纯的考量**

当孩子要学习全新的、高难度的或不熟悉的事物时，请先让环境维持单纯化。环境维持得整齐、清洁、简单、朴素，孩子的学习表现就比较稳定。嗯，比照图书馆阅览室的布置就不错。

让孩子先通过集中性专注力，将这些学习内容的概念与知识建构起来。当孩子具备了稳定的集中性专注力，再进一步让他跨入选择性专注力的练习，也就是先求有，再求好。

## 秘诀

**⓯** **启动干扰模式**

当孩子面对的是较为熟悉、简单或不重要的事物时，可以将干扰因素加入。当然，强度不需要像你家隔壁的装修施工那样。

例如，若眼前的作业或阅读内容是孩子力所能及的，这时便可启动干扰模式，弄出发送或接收短信的提示声，或在一旁进进出出走动的声音，或是除湿机运转声等。

但是，干扰归干扰，请给得适度。过程中，请留意孩子的选择性专注力是否耐得住考验、功力超强而不受干扰，让他可以继续维持专注力，做该做的事情。

## 问题十一
# 孩子一边看书，一边听音乐，到底好不好？

"不去想他们拥有美丽的太阳，我看见每天的夕阳也会有变化，我知道我一直有双隐形的翅膀，带我飞、给我希望。"美均戴着全白的耳机，一边轻摇着身体，一边哼唱，同时眼睛盯着翻开的语文课本，神情陶醉。

"我终于看到所有梦想都开花，追逐的年轻歌声多嘹亮。"美均提高嗓门唱到这一段时，妈妈双手叉腰对她吼着："林美均，还在'多嘹亮'？明天就要考试了，你还在听歌？"

"我终于翱翔，用心凝望不害怕，哪里会有风就飞多远吧。"

"天啊！你还在继续唱？耳机拿下来，有没有听到我说话？"

"妈妈，你很吵，你没看到我正在看书？"

"看书？边听流行歌边看书？骗谁？这样还能看书？"美均妈不以为然地反驳。

"这样我比较能专心啊！不然你们一直在旁边走来走去或讲话，我怎么看书？"

"拜托，你还怪我们太吵？边读书还可以边唱歌？难不成你明天不考唐诗宋词，要考流行歌？有本事明天你就考个好成绩回来。"

美均索性将原先插在笔记本电脑上的耳机拿了下来，把播放《隐形的翅膀》的网页关掉。此时，她发现社交软件上有三个未读取的信息，便顺手打开来看，仔细阅读了上面的留言，随后又敲起键盘，快速地打了一些字——回复，而对方回复的速度也很快，就这样一来一往，美均不知不觉又耗掉了一些时间。明天要考语文这件事，似乎暂时被美均遗忘在书房的某个角落了。

"林美均，你还在用社交软件？太夸张了，现在马上离线，把笔记本电脑关掉！你真是搞不清楚状况，该做的事情不做，老是做一些莫名其妙的事。你语文试卷做了没？不要忘了，你上次语文月考才考了四十七分。"说到这里，美均妈又是一肚子气。

"试卷题目那么多，哪里做得完？很累啊！"美均关上电脑，有些不悦地抱怨着。

美均妈大喊："写不完你还有时间听歌、玩社交软件？竟然还告诉我'试卷题目那么多，哪做得完？'很累？玩社交软件就不会累？不要找这么多借口！"

"玩社交软件真的不会累啊！更何况读书读久了，多少也要休息一下嘛！"美均说到这里抬起了头，只见妈妈双手环抱在胸前，咬牙怒视着自己。

让孩子阅读更专心的秘诀

秘诀056　随处阅读

秘诀057　戴上耳机

秘诀058　选定背景音乐

秘诀059　准备自选歌曲

秘诀060　跑马拉松的背景音乐

秘诀
## 056　随处阅读

凡事都有例外。在不影响视力的前提下，只要是适合自己孩子的，无论怎么阅读或用什么姿势阅读，凡是对于吸收知识有帮助的，都可以。

有些孩子定点阅读有成效，有些孩子则倾向于在家里随处阅读。

如果发现随处阅读有成效，那就顺其自然吧。不要太拘泥阅读的形式，重点在于孩子是否能专注及有效吸收知识。

秘诀
**057** **戴上耳机**

有时，孩子很难过滤掉听觉上的刺激因素，也常因听觉太过敏锐而受到周围不相关因素的干扰，影响专注力（听，你的社交软件又开始响了），在这个时候，可以让孩子戴上耳机学习。

这情境适用于当孩子正准备考试，努力用功，一旁却总是传来扰人的声音的情况。

教孩子戴上耳机，保持专注。

秘诀
**058** **选定背景音乐**

对于大部分的孩子而言，想要对眼前的活动保持专注，"安静、无声、静悄悄"的确有必要。但你可能也发现了，对于某些孩子来说，一旦处在太安静的环境中时，反而更敏感，容易分心去注意当下细微的变化。例如，边阅读边注意掉落在桌上的发丝，或者边阅读边留意空调的转动而乱了思绪。

这时，不妨启动背景音乐吧！如同隔音墙的作用一般，视孩子当下的阅读情况，选择适合的背景音乐，只要是有助于孩子维持集中性专注力、选择性专注力及持续性专注力的都可以。

秘诀
**059** **准备自选歌曲**

背景音乐可以是常与宫崎骏合作的久石让创作的音乐，也可以是

意大利国宝级电影配乐大师埃尼奥·莫里康内（Ennio Morricone）
创作的《天堂电影院》原声音乐，又或者是一段卡农、自然情境音乐
等。当然，以上这些都只是例子。只要愿意启动，你一定可以与孩子
一起找出最适合让他保持专注的背景音乐。

### 秘诀
**060　跑马拉松的背景音乐**

　　长时间集中专注力犹如参加一场马拉松赛，要想成功跑完全程，
拥有基本的"耐力"是必要的。

　　在学生时代，我算是挺能长跑的人（嗯，你要相信）。要想坚持
长距离的跑步，除了生理上的耐力外，其实也需要心理上的耐力。

　　那时，在我的跑步过程中，电影《烈火战车》的片头音乐与一群
人在海边奔跑的画面，一直伴随着我。对我而言，心里不断浮现的音
乐帮助我减轻了压力。当然，能够顺利跑完全程，也是持续性专注力
的一种完美展现。

　　在这里要和你分享的是，平时便可以让孩子选定适合他的背景音
乐，当他需要进行一场耗费心力的活动时，这音乐或许有助于他长时
间保持专注力。孩子阅读的道理，有时和跑步是一样的。

## 问题十二
## 孩子对阅读提不起兴趣，怎么办？

"老婆，你买的这套共二十二册的《丁丁历险记》，阿德到底有没有翻过啊？怎么看起来像是全新的一样，动也没动。买了不看，这不是挺浪费的吗？"望着书架上一整排的精装书，阿德爸抱怨着。

"哎哟！老公，你也知道，阿德这孩子对读书没什么兴趣。本来我想，既然如此，那干脆帮他找一些内容既有冒险元素又有想象力的图画书。买之前还问他选《丁丁历险记》好不好，他很干脆地回答'好啊！'谁知道，买了之后就爱翻不翻。拜托，这一套可是比利时国宝级的经典啊！"阿德妈感叹。

"国宝级有什么用？他不翻，能怎么办？更何况翻书和有没有把书里所讲的知识吸收进去，根本是两回事。"阿德爸忍不住激动起来。

阿德妈也觉得自己很无辜。

"唉！我又没叫他一口气看完二十二本。这么好的书，只是摆在那边真的太可惜了。倒是昨天，他自己主动在看那本大大的《地图》绘本，神情真是既专注又迷人啊！我想，应该是上面丰富的手绘插图吸引了他吧。唉，实在是希望他认真看书的画面能够多一些，平时见他看书保持专注力的时间都很短。有时我都在怀疑，阿德脑袋瓜里的那颗'专注力电池'可能不是原厂的，所以质量不好，充电性能不足。"

"我说阿德妈呀，下回买书，干脆让孩子自己选算了。毕竟阅读这回事还真的挺'耗电'的。除非阿德自己对眼前的书本内容感兴趣，不然他读书老是断断续续，久了就很容易没电。"阿德爸劝说道。

"话是这么说没错啦！我说阿德爸啊，我们老是抱怨孩子不爱看书，专注力没办法在阅读上持续很久，但有时想想，我们做家长的好像也很少在孩子面前看书，连私底下翻翻书的时候都很少。所以，实在也不能怪阿德读不进书，谁叫我们自己没做好榜样。"阿德妈感叹。

## 让孩子阅读更专心的秘诀

秘诀061　专注需要什么理由？

秘诀062　维持该有的表现

秘诀063　缓解专注力疲乏

秘诀064　放松大脑

秘诀065　电影与小说相呼应

秘诀066　开启我们的阅读之旅

秘诀

## 061 专注需要什么理由？

"为什么有的人可以看完厚厚的一本《哈利·波特》？甚至意犹未尽，夜以继日地看完一整套？"和孩子一起来想想这个问题：在什么样的条件下能让持续性专注力在阅读上发挥得这么淋漓尽致？

是被内容吸引、觉得好奇、感到有趣、能够充分理解文字、一边看书一边激发了想象力，还是本来就喜欢阅读？

无论答案是哪一个，多少都告诉了我们一点：要维持良好的专注力表现，真的需要一些其他的配套方法来加持。

秘诀

## 062 维持该有的表现

专注力可不是时间持续得久就算好！随着时间一点一滴地溜走，请试着观察孩子的专注力能否继续维持该有的质量与表现。

例如，连续一两个小时默背英文单词，或长时间书写数学试卷后，仍然可以维持该有的速度及正确性。

秘诀

## 063 缓解专注力疲乏

如果孩子一直在做同一件事，随着时间的拉长，效率将愈来愈低。

当孩子的专注力涣散，除了让他休息一下外，或许也可以换一换学习的内容，以减少长时间停留于单一科目上而可能产生的专注力疲乏。孩子一旦累了，就什么专注力都没有了。

## 秘诀

**064　放松大脑**

阅读毕竟是一件耗费心力的活动。为了让专注力保持在一定的水平，试着让脑袋在不同的事物之间适时转换，保持最佳状态。适度地放松，这对于专注力的维持是有加持作用的。

脑袋如何保鲜？这点并没有标准答案，但是，一定有最适合自己的方法。如站起来走动一下，打开窗户吹会儿凉风，听一听让心情放松的音乐等，只要能够让自己觉得放松即可。

如果选择上网，请记得在放松结束后把专注力收回来。

## 秘诀

**065　电影与小说相呼应**

有些孩子对文字缺乏兴趣，但是容易被影像吸引。

以李安导演的《少年派的奇幻漂流》为例，如果你家中处于青春期的孩子喜爱看电影，或者因为常听班上同学讨论而好奇这部电影到底演了什么，让他产生了想走进电影院的想法，这时，主动性便已悄悄产生了。

有时孩子对保持阅读时的专注力感到乏力，提不起劲，但是一部分的孩子受电影吸引，会燃起想要看《少年派的奇幻漂流》原著小说的动力，就像常常有人喜欢比较原著小说和电影的差别到底在哪里一样。这时，如果幸运的话，孩子会很自然地将专注力慢慢转移到原先不热衷的文字阅读上。

让孩子从热爱看电影，到爱好阅读文字。但是电影与书籍的选择，请以孩子的喜好为优先。

### 秘诀
### 066 开启我们的阅读之旅

请你想想以下几个问题。

"最近一次看书是什么时候？"——嗯，当然是现在啊，不然我怎么会看到你写的这一段。

"最近一次去书店是什么时候？"——哎哟，人家现在都上网络书店啦！

"最近在看什么书？"——只要是纸质书都好，不能只有网络小说啊！

我们都希望孩子多多阅读，但是，我们自己却似乎很少阅读。

身教胜于言传，无论爸爸还是妈妈，都不能只出一张嘴。若我们期待看见孩子阅读的身影，那么请先反转过来，让孩子先看见我们阅读的身影。

或许有人会说："嗯，这好像有点难，毕竟出社会之后……"好吧，那你就不要对孩子的阅读有所期待。

请拿起一本书，专注地徜徉在文字间吧！你的阅读身影是很迷人的。不信？那你问问自己的孩子。

第四章

专注力与电子产品的
『恩怨情仇』

# 提升电子产品的正向能量

关于电子产品，你真的是又爱又怕（这一点，孩子的胆子比我们大了些）。爱，是电子产品使生活、工作充满了便利（但不保证也换来效率）。怕——或者说担心也行，却也在于电子产品无处不在，怕它们对孩子专注力的提升有负面影响。

当然，电子产品有时也会误导你对孩子专注力情况的了解。常常可以听见大人这么说：

"我孩子的专注力哪有什么问题！你没看他玩电脑、玩手机的时候那副专心的模样。

"休息时间到了，都不需要人提醒就自动上网。但是休息时间结束，他也不愿意下线。你看，废寝忘食的，持续性专注力多好。"

然而，撇开网络成瘾不谈，孩子对于电子产品的专注力似乎很难移植到你所期待的"活动"上（什么活动？这还用说吗？）。

"为什么孩子只能在电玩上专心？"你的问题抛出来了，我想这个疑问在你内心应该也积压很久了。或许你接着在想："我应该如何采取切断方法？"

其实，不碰电子产品并不等同于孩子就会变得专心。事情没那么简单。

正如同以前Nokia（诺基亚）广告的标语："科技始终来自人性。"不管你相不相信，任何事物都有它存在的价值，就看你如何去看待、如何去运用这些事物。别忘了，这些电子产品凝聚了多少人类智慧的结晶！

对于孩子的专注力来说，电子产品真的是洪水猛兽吗？（露馅儿了，我使用的是"？"——问号。）

## 问题十三
# 为什么孩子只休息了一下，专注力就回不来了？

在朱自清的散文《背影》里，有这样一句话："我最不能忘记的是他的背影。"

而在孩子的书房中，我想你也很难忘记他专注做功课的背影，那是真的认真哟！而且那背影持续在你的脑海里浮现（因为他一直很专心做功课），当你的手机传来"你是我的小呀小苹果儿，怎么爱你都不嫌多"的铃声时，他还是低头专心做着功课，这一点你很确定。

好吧，到这里，似乎一切都不需要担心。嗯，孩子运用集中性专注力专注于眼前的事物，很好；他的持续性专注力也能维持一段时间，没的说；选择性专注力也不受外在不相关刺激的干扰，漂亮。那你还在担心什么？

"妈妈，我的语文作业完成了，我可不可以休息一下，等一下再回来做数学试卷？"休息，这符合人性，应该的。毕竟孩子脑袋瓜里的电瓶持续耗电五十分钟了，是该休息休息喘口气了。

"那我可不可以吃一下'糖果'？"

"那么爱吃糖，不怕蛀牙？"

"妈妈，不是啦！是您的手机借我玩一下《糖果传奇》啦！十分钟就好，或让我过三关。"

"这……"你有些犹疑，但想想只有十分钟，应该也不为过。

可是，十分钟过后，问题来了。

你确认孩子的数学能力是有的，这一点你不会怀疑。但是怎么玩了《糖果传奇》之后，孩子的专注力却变了样。

"红红的小脸儿温暖我的心窝，点亮我生命的火，火火火火火……"，手机铃声又响了，然而这一回，孩子的专注力却被破坏了——不，应该说是被瓦解了，你发现他的眼神"飘"了。

孩子对你说："我知道时间到了，可是妈妈，我的专注力回不去了。"

这到底是怎么一回事？

**提升电子产品的正向能量的秘诀**

秘诀067　定期检查转换性专注力

秘诀068　设定缓冲时间

秘诀069　超完美的无缝衔接

秘诀070　让刺激的活动压轴

秘诀071　减少隐形的浪费

秘诀072　转换的真本事

秘诀

**067　定期检查转换性专注力**

你需要定期检查孩子的转换性专注力。

让我们试着把画面拉回校园：有些孩子在课间十分钟玩得太疯了，当上课铃响回教室上课时，你会发现，他们的专注力转换没有那么顺利，往往需要一些时间缓冲，再让专注力回来。这里关系到孩子专注力的进阶版——"转换性专注力"是否良好。

我想，你并不希望孩子的专注力表现像《犀利人妻》里谢安真的那句经典台词："可是瑞凡，我回不去了。"嗯，安真回不去了，但孩子的专注力却需要回来。

秘诀

**068　设定缓冲时间**

提醒自己在活动与活动之间，要让孩子有缓冲的时间，这个缓冲时间的主要作用在于让孩子的心绪沉静下来。"世界越快，心则慢"，人家金城武是这么说的哟！

例如：在写作业前，先让孩子静一静；或者当语文作业写完，在继续写数学试卷前也让孩子静一静。你将发现，孩子在不同事物转换间的专注力衔接会更加顺利。

秘诀

**069　超完美的无缝衔接**

在两项主要的活动（需要维持高质量的专注力在眼前的事物上）

之间，除了你的精心安排外，孩子总是会主动提出他的放松需求（比如玩一下《糖果传奇》）。若想维持孩子转换性专注力的质量，对"中场活动"内容与性质的考量，就需要相当谨慎。

转换性专注力，主要指的是一个人在不同活动之间该如何进行最妥善的安排，让自己能够完美地转换专注力。如果要做到超完美无缝衔接，就必须了解每项活动与孩子的能力和特质之间的关系。例如，《糖果传奇》对于孩子来说，很容易导致他因过度兴奋而专注力涣散。

## 秘诀
### (070) 让刺激的活动压轴

在动态、静态活动的交叉安排上，建议你尽可能以让孩子受到相对较少的刺激为转换原则。那些太过刺激、容易导致孩子过度兴奋的活动，建议安排于主要的静态活动结束之后。

有时孩子在经历了较大的情绪起伏之后，他们的注意力往往很难顺利转换至下一个需要花费心思的活动，例如阅读、思考或写字。

因此，除非过去的经验告诉你，在语文作业与数学试卷之间让孩子玩一下《糖果传奇》并不影响他接下来的专注力转换，可以让他继续维持该有的专注力表现，那他玩《糖果传奇》或许就无伤大雅。否则你与孩子需要衡量一下，把太容易让他兴奋的活动安排在所有该做的事情完成之后，例如，先将语文作业与数学试卷都做完，再玩《糖果传奇》。

**秘诀**

**071** **减少隐形的浪费**

有时，我们会用许多合理的理由告诉自己：上上网，让自己放松一下，一下下就好。只是这"一下下"，有时是连续地从这个网页链接到另一个网页，回个短信、看个E-mail、上网听首歌，还有浏览一下微信朋友圈——除了点赞，当然也要礼貌性地回复对方。

让自己的专注力免受不相关的事物吸引，这需要很强的自制力。

**秘诀**

**072** **转换的真本事**

无论是看电视、玩手机或上网打怪兽，孩子都会很清楚地告诉你，这些电子产品让他"很放松"。但你可能担心他"太放松"，放松到注意力集中不起来了。

孩子在休息时间到底适不适合玩玩电子产品来转换心情？这不是行或不行的问题，而是在于孩子有没有专注力转换的真本事。这并不是《糖果传奇》的错。

## 问题十四
## 该不该让孩子一边吃饭，一边看电视？

"小春，吃饭就吃饭，看什么电视？"小春爸说。

"爸爸讲得一点都没错。但是，七点新闻正报道着，爸爸你也在……"小春说。

"拜托，我看个新闻你不要在旁边吵，关心一下国家大事、社会现状，这有什么不对？"小春爸继续盯着新闻看。

"爸爸说得也对。毕竟爸爸是家长，是该了解、关心新闻。"小春心里想。

"小春，吃饭就吃饭，看什么电视？"小春妈说。

"妈妈讲得一点都没错。但是八点档的电视连续剧现在正播着，妈妈你也在……"小春说。

"拜托，我忙到现在才有时间吃饭，看看电视放松一下，这有什么不对？"小春妈继续盯着电视看。

"嗯，听起来好像也蛮有道理的。做孩子要懂事、贴心，我不要跟妈妈太计较。"小春心里想。

"小春，吃饭就吃饭，看什么电视？"小春爸头也不回地说着。只见他一手拿碗，一手拿遥控器，不断在各台之间切换。

"小春，吃饭就吃饭，看什么电视？"小春妈看得目不转睛，有时一把眼泪一把鼻涕，有时边拍桌叫好或叫骂，有时喃喃自语，眼前的饭菜被晾在一边。小春很想跟她说："妈，再不吃就变成剩菜剩饭了！"

"但是，为什么我就不能边吃饭边看电视？"小春感到疑惑不已，接着心里立刻传来一阵回音："爸爸行，妈妈能，为什么我就不可以？更何况我看的是六点的动画片，那个时间点又不和他们抢频道。"

她想到爸爸妈妈给的理由："我们是家长！"这一点没有说服力，谁规定家长就可以一边吃饭一边看电视？所以这个理由不怎么样。

"他们出门工作、在家做事很辛苦！难道我上一天学外加孝敬父母，就不累吗？"

"反正……"（爸爸妈妈也说不出个理由。）

到底该不该边吃饭边看电视？先抛开对孩子消化功能的影响不谈，让我们回到专注力这件事情上。

### 提升电子产品的正向能量的秘诀

秘诀073　一次只做一件事

秘诀074　同步做事的必要性

秘诀075　条件反射

秘诀076　预防喧宾夺主

秘诀077　维持专注力质量

## 秘诀
### 073　一次只做一件事

一次只做一件事，当然是维持专注力的基本原则。这时，孩子能够集中专注力在眼前的待办事项上，排除不相关因素的干扰，持续专注一段时间，孩子这时所展现的效率与表现是最完美的。

边吃饭边看电视，你已经同步启动两项活动了。请留意，维持专注力是很耗心力的事情。当你选择边吃饭边看电视时，已经进入了"分散性专注力"的模式，同一时间做两件事，当下所耗费的心力是加倍的。除非你有这个能耐，什么能耐？"把两件事情同时都做好"的能耐。

分散性专注力是很高阶的能力，也就是说，当孩子一次只做一件事情都很容易分心，难以维持专注力了，更何况是同步启动两件事？所以强调一下，这是要经过训练才行的！

## 秘诀
### 074　同步做事的必要性

然而残酷的是，在现实生活中，往往很难让我们在一个时间段里只做一件事。这一点，上班族或家庭主妇应该都知道。意思也就是说，分散性专注力的训练，仍然有其必要性。

重点就在这里了，"一心二用"。专心只做一件事当然最好，但是我们不妨想想，每回做家务，总是很难一次只专心做一件事。有时衣服晒到一半，手机响了，只好边开免提接电话边晒衣服，有时还要注意微波炉的定时器。

所以不要说一心二用了，想想看，若自己是个家庭主妇，还得练就一心多用的功夫。

## 秘诀

### 075 条件反射

好吧，那该怎么练呢？

如果要同步做两件事，还想维持该有的表现，那么其中至少有一件事对孩子来说应该是再熟悉不过的，熟到几乎可以条件反射的程度。

生活中，有许多关于专注力"自动化"的经验。例如，对于骑车这件事，孩子经过反复练习，已经逐渐熟悉到不需再耗太多的心力去注意车把怎么握、踏板如何踏等细节。就像有些孩子打字时已达到不需要再看键盘的境界一样。

## 秘诀

### 076 预防喧宾夺主

当然，另外一件事情也不能喧宾夺主，过于吸引孩子的专注力。例如，因看电视看到目不转睛，而忘了吃饭。

孩子边吃饭边看电视，假如能够在适当时间内把饭吃完，只要不会消化不良，那倒也无所谓。但是，如果事与愿违，没办法做到两全其美，那么请让孩子先好好把饭吃完，再尽情地看电视，这样或许会比较合适。

秘诀
**077** **维持专注力质量**

到底该不该边吃饭边看电视呢？请记住，这时"吃饭"是重点。除非孩子把饭吃了，否则就本末倒置了。就像"该不该边看电影边吃爆米花"的问题，请记得，这时看电影是重点，除非你把电影看了，否则不就是喧宾夺主了吗？

启动分散性专注力时，仍需维持应该有的专注力质量，具备一心二用的本事。如果有本事边吃饭边看电视，就要有本事把两件事情都做好。如果没本事，就不要一心二用。"维持质量"，这是最基本的游戏规则。

再问一次：那到底该不该边吃饭边看电视呢？请家长以身作则，饭没吃完，什么都不要说。所以，就让我们先好好吃饭吧！

## 问题十五
## 为什么孩子只有打电玩时才专心?

　　平时看大卫上网玩《枫之谷》打怪兽、看《火影忍者》,或是玩iPad上的《愤怒的小鸟》都很专心,但是,大卫妈实在搞不懂,为什么只是要求他看个书、写个字,他却老是太粗心,跳行、错字、漏字样样精,不然就是三分钟热度,专注力一下子就涣散了。

　　但是只要一聊到和电玩有关的话题,大卫就开始滔滔不绝。"妈妈,我跟你说,玩在线游戏可以让我变得很专心!你看,打怪兽也需要专注啊!不然怎么能够杀掉怪物,让自己升级?而且我都是凭自己实力,不像其他人一样用外挂程序。"大卫得意地摇晃着身体说。

　　大卫妈其实并不反对大卫接触这些电子产品,毕竟大卫爸在互联网公司上班,孩子每天看着爸爸提到、使用这些发展迅速的电子产品,长期耳濡目染,对于电子产品的信息及使用能力都远远胜过她这个做妈的。

　　"玩这些玩意儿,究竟算不算专心?还是只有读书、准备考试才算认真?

　　"这些动画片、电玩,我到底该不该设限?但是,大人可以碰,小孩却不能玩,单单这一点,连我都无法说服自己。到底有没有两全其美的方式？"

大卫妈不时搔弄着头思考。在功课方面，不时地提醒、纠正和抱怨孩子，除了让自己感到烦躁，实在没别的用处。

"为什么我和孩子总是在读书、考试、写作业和这些在线游戏、电玩之间用力拉扯呢？难道我家大卫不能有别的兴趣或爱好吗？嗯，一定要找到我家大卫擅长的事。"妈妈心中坚定地想着。

想到这里，大卫妈的思绪变得清晰了许多。专注不一定只限于读书和上网打怪兽这些事，孩子一定可以在其他的地方展现出热情。

"专注、热情、快乐、浑然忘我，这些应该都是息息相关的。"大卫妈在心里这么肯定。

## 提升电子产品的正向能量的秘诀

秘诀078　电玩启示录

秘诀079　电玩，适可而止

秘诀080　刺激性游戏的危害

秘诀081　声光外控

秘诀082　专注的主控权

秘诀083　切换自如

秘诀

**078**　**电玩启示录**

有时孩子会告诉你："玩电玩，我最专心。打怪兽，我最用心。"我想当你听到孩子这样说的时候，大概会忍不住双手叉腰，怒瞪着他骂："开什么玩笑！"

其实，每件事情都有它所带来的正向的一面，孩子玩电玩应该也是一样。

想想看，电玩能够为专注力练习带来什么样的影响？电玩的特色是刺激、有趣、立即反馈、具有吸引力和竞赛性，如果要把这些元素带进平时的教学与训练中，我们可以怎么做？要是能让教学与平时的训练变得好玩，或许也可以给孩子再加一把劲。

秘诀

**079**　**电玩，适可而止**

电玩可以让我们思考如何调整教学与训练方式，让孩子觉得学习是一件有趣的事，而提升专注力。但是，若你发现孩子平时专注力容易涣散，这表示孩子玩电玩的"本钱"还不够，那么，以声光刺激为主的电玩游戏还是少碰为妙，适可而止。

秘诀

**080**　**刺激性游戏的危害**

玩强调声光刺激的游戏时，往往不太需要使用脑前额叶，而那里是与专注力、逻辑思考、组织能力及解决问题能力息息相关的。

也就是说，孩子电玩玩得愈多、玩得愈久，口味愈重，接着对于相对"清淡爽口"的阅读、思考等活动，也就逐渐失去了兴趣与动力。当然，不常使用与刺激脑前额叶，对孩子的专注力更是雪上加霜。

秘诀
**081 声光外控**

没错，玩在线游戏也需要专注力。只是这些游戏是以打斗、声光刺激来控制孩子的专注力。这样的专注力是外控的，是这些声光刺激在不断维持及延续孩子的专注力。

请特别留意孩子结束这些游戏后的反应——是否显得更焦虑、更疲惫，精神更涣散？如此质量的专注力，你要吗？

秘诀
**082 专注的主控权**

专注力，仍然要回到由孩子主控的步调上去。

就像当孩子准备看《小王子》这本书时，阅读行为是由他自己主动启动的。翻开书页，细细品味或大声朗读，边看边想着书中的内容与自己生活的联系，这整个过程都是孩子主动在进行。这时的专注力就是由他自己内控而得来的。

秘诀
**083** **切换自如**

面对电子产品时，孩子是否能够"切换自如"，是关于孩子是否可以玩电子产品的重要依据。这体现在孩子能否自我控制好上线、离线，并且在离开电子产品后是否可以顺利收心，继续完成接下来应该要做的事。

## 问题十六
## 对孩子的专注力来说，
## 电子产品真的是洪水猛兽吗？

"唉，现在的孩子真是逃不开电子产品的魔掌。放眼望去，不是玩手机，就是平板电脑不离身，再不然就是成天窝在电脑前，刷视频、打游戏样样都来。再如此下去，我看这些孩子都不想再看纸质书了。"小明妈感叹不已。

"小明妈，这已经是这个时代的潮流了，挡都挡不住，该接受的，我们还是得接受。"小鹏妈说。

"你说的是没错，但是照现在这样的玩法，我实在很担心日积月累之后，电子产品会给孩子们造成很大的副作用。"小明妈担忧着。

"我想电子产品本身并没有错，不然你看，现在我们桌上还不是摆了两部手机。"

听小鹏妈这么说，小明妈低头一看，忍不住扑哧笑了出来。"哎哟！是没错，连我们也被绑架了。只是，毕竟我们是大人了。现在的孩子成天碰电子产品，难道你就不担心？"

"小明妈，凡事过犹不及。更何况，你我也不可能让小明和小鹏成天玩手机或在线游戏吧？"小鹏妈说，"其实对于电子产品，我一直都有着正向的看法，倒不是说完全不担心，而是常常在想我们做父母的该如何来运用这些工具。"

小明妈瞪大了眼睛，说："哇！小鹏妈，你真的是太理性了。不像我，总是担心小明玩了充斥声光刺激的电子产品之后，就很难再享受清淡的阅读了。哎哟！说开了，也是因为我发现他的耐性愈来愈差，学业成绩也像最近的气温一样持续滑落。"

"你是在烦恼电子产品对于小明专注力的影响吗？"小鹏妈问。

"是啊！"小明妈开始烦恼了起来。

"当然，我们的确要注意孩子花在电子产品上的时间。但我想电子产品也不应该是洪水猛兽，就像现在有数不清的手机应用程序，关键或许在于我们如何慎选内容给孩子。更何况，有些应用程序还可以拿来训练专注力呢！"小鹏妈建议。

"训练专注力？小鹏妈，你有没有说错，用电子产品训练孩子的专注力？"小明妈有些讶异地问。

## 提升电子产品的正向能量的秘诀

秘诀084　科技始终来自人性

秘诀085　逻辑游戏

秘诀086　《猫咪传球》

秘诀087　《抓老鼠》

秘诀088　《铁路迷宫》

秘诀089　《鳄鱼小顽皮爱洗澡》

秘诀090　《水管大师》

秘诀091　输入关键词

## 秘诀
**084** **科技始终来自人性**

回头想想，现在的电子产品其实都是一种媒介。很多事情并非只有要和不要的选择，而关键在于我们如何运用"科技始终来自人性"的电子产品。

以手机应用程序来说，如果仔细搜寻，我们可以找到许多能用来进行专注力训练的小游戏。

## 秘诀
**085** **逻辑游戏**

这些游戏不是以声光刺激的吸引为主，反而强调孩子在解题过程中所需要的逻辑推理能力，或者对于解决问题的思考能力。

例如：《猫咪传球》《抓老鼠》《铁路迷宫》《鳄鱼小顽皮爱洗澡》《水管大师》等。这些都可以作为训练孩子专注力与解决问题能力的优质游戏（适合的游戏当然不胜枚举，建议你自行尝试）。

## 秘诀
**086** **《猫咪传球》**

在这个游戏中，黑猫、白猫两只猫相互传球，孩子需要调整猫咪的运动路线。随着关卡的难度提升，孩子必须不断地调整运动路线，设法有效地解决问题。

秘诀

**087** 《抓老鼠》

这是一场老鼠与老鼠夹的斗智游戏，过程中，孩子必须运用老鼠夹对老鼠穷追猛打，绞尽脑汁地围堵老鼠，不让看似傻乎乎却又反应灵敏的老鼠跳到洞里。

秘诀

**088** 《铁路迷宫》

这是备受小朋友喜爱的铁轨组合游戏，在游戏过程中，孩子必须让大脑高速运转，发挥解决问题的能力，将复杂的轨道组合起来，让火车能够顺利抵达终点。

秘诀

**089** 《鳄鱼小顽皮爱洗澡》

玩这个游戏时，孩子必须动脑想办法，让水通过一层一层的泥土和障碍，把水引进鳄鱼的浴缸里。要想让鳄鱼舒服地泡澡，孩子解决问题的能力就很重要。

秘诀

**090** 《水管大师》

要是家里的水管断了一截，水流四处乱喷，怎么办？在这款游戏中，孩子必须发挥解决问题的能力，通过旋转阀门来改变水流的方向；或运用海绵先吸水，随后再把水挤压出去；或是运用烙铁将水蒸发掉。重要的是，要让水再流进另一头的水管里。

### 秘诀
**091** **输入关键词**

这些游戏当然也有需要付费的进阶关卡，但免费的关卡就已经可以让孩子玩很久了。

你可能想知道，以上这五款可作为孩子专注力训练工具的免费游戏去哪里找？当你知道关键词，就能很容易地在手机应用商城或搜索引擎上搜寻到了。

第五章

专注力与时间运用

# 有效运用时间

　　我可以确定一件事，当孩子把时间管理做得好时，专注力也会水涨船高。请把时间管理与专注力联系起来，让孩子的专注力在时间管理的过程中变得越来越好。

　　并不是花费了更多的时间，孩子的专注力就会有更好的表现。效率、效率、效率，请在专注力的加持下，让孩子做起事情来更有效率吧！以最少的时间，博取最佳的表现。

　　写作业，常常是亲子之间矛盾的源头。我们很容易忘了一件事，那就是动笔的人是孩子（消耗心力与能量的也是他）。不过，动气的可能是你。

　　请别再固执地要求孩子一定要在什么时间写作业了，和孩子一起研究出写作业的最佳时间吧！

　　专注是一种自律，专心写作业也是一种对自我负责的表现。对于孩子写作业的漫长过程，做父母的总是备感头痛。因此，如何让孩子在规定时间内完成作业，就是一项必须学习的技能。

　　让孩子对时间变得"敏感"吧！虽然不至于要让他对时间感到焦虑，但至少可以避免他对时间的流逝漫不经心。"你那边几点？"可以这样多多问孩子。一回生，二回熟，让他对时间管理越来越熟。

　　请别再扮演行动秘书了，家庭主妇的工作就已经让你的青春不再了。动动脑，想想看，如何把提醒功能安装在孩子的脑袋里吧！这样才能够一劳永逸。

## 问题十七
## 如何找出孩子最专注的时刻?

　　书房里，正播放着轻柔的古典音乐《蓝色多瑙河》。
文俊闭着双眼，深深地呼吸，身体放松地坐在书桌前。
这短短的几分钟，是文俊妈为他准备的专注力转换时
间，特别是当他开始要从动态的玩进入静态的书写、阅
读时。

　　"文俊，叫你不要玩得那么疯，老是玩成这副德行，
汗流浃背的，晚上怎么有心思写作业？" "文俊，动作快
一点，写个字老是拖拖拉拉的，都六年级了还这样。"过
去，文俊妈总是不耐烦地如此念叨着。

　　文俊专注力转换的困难，也让老师不止一次地向文俊
妈抱怨："唉！文俊妈，每次只要一到下课，文俊老爱在
走廊或操场上跑来跑去的，玩得满头大汗。上课铃响回到
教室后，整个人还是静不下来，别的同学都已经把课本拿
出来了，他还在那边用手扇风。文俊妈，你在家里真的要
多注意！"

　　这些抱怨常让文俊妈感到无奈，她心想："老师，你
也帮帮忙，辖区要分清楚。孩子下课爱玩成那样，上课心
思回不来，我人在家里要怎么注意？"

尽管这么想，文俊妈还是觉得自己应该有所行动。"唉！这孩子总是容易玩得太兴奋，自我控制的'刹车系统'老是失灵，要马上从玩耍进入写字、阅读状态还真难。"

"文俊，现在是晚上六点三十分。七点整以前，你需要完成这一张数学试卷的十道计算题，记得每道题验算两次。"在《蓝色多瑙河》的音乐声结束后，妈妈具体地让孩子知道他现在应该要做的事。同时，在谈到时间的"数字"时，文俊妈特别停顿了一下，加重了语气。

"妈妈，等一下我如果在七点钟以前写完，多出来的时间记得帮我加到时间卡上，也要多算'红利点数'哟。"文俊要求。

文俊妈微笑着点点头。

"这孩子还真是喜欢玩这些花样。嗯，这样也好，让他对时间能够更敏感，做起事情来也更有效率。"

接着她又心想："与其像以前那样老是跟孩子抱怨，倒不如现在积极一点，让他变得对时间敏感，学会自己转换情绪。专注力一定是可以训练的，但是一定要使用正确的训练方法，这样孩子就有改变的机会。"

文俊妈决定通过时间管理训练来协助文俊改善自己的专注力。

有效运用时间的秘诀

秘诀092　选对时间

秘诀093　寻找最佳状态

秘诀094　留意迟钝的时刻

秘诀095　避免疲劳驾驶

秘诀096　适度休息

秘诀097　睡饱了才能专注

秘诀
## 092　选对时间

把事情放在对的时间来做，你将会发现孩子的优异表现。

什么是对的时间？这得从孩子的立场看。若你发现下午四点放学后，孩子的精神与身体都处于疲惫状态，那不妨试着把"玩""放松"和"休息"放在这个时段。

当你观察到孩子洗完澡后，意识最清醒，活力也恢复了，这时，让孩子开始书写家庭作业，效率或许会很高。

动动脑，利用你的敏锐观察力，和孩子一起找出对的时间，在对的时间做对的事吧！这一点，不需要翻黄历就可以做到哟！

秘诀
**093 寻找最佳状态**

试着找出孩子的最佳状态，也就是专注力最集中、最不受外界干扰、情绪转换最完美的状态，最好将这些关键点来个同步启动。

请记住，在这个最佳状态下，让孩子做当下最紧急、最重要的事。

例如，明天要期末考，所以今天晚上最紧急、最重要的事就是复习及准备明天的考试内容。孩子把专注力放在对的时间中、用在对的事情上，效率就很高。

秘诀
**094 留意迟钝的时刻**

每个人在一天之中，总是有脑袋最疲惫、反应最迟钝的时刻。就我自己而言，每天傍晚五点至六点往往是我脑力最差的时间，这时的专注力明显较一天里的其他时间差，如果继续进行需要耗费脑力的活动，专注力的消耗会更快。

当迟钝时刻来临时，也是该让自己大脑放松的时候，所以别让孩子在大脑迟钝时做需要保持专注的事情，这可是违反人性的哟！

秘诀
**095 避免疲劳驾驶**

当你发现孩子真的疲倦了，猛打哈欠，眼皮已经快合上时，他是真的该休息了。这时，孩子需要的是闭上眼睡觉。

"疲劳驾驶"在阅读、写字这条"国道"上，对孩子的专注力来说是一种危害。硬撑下去，对于孩子来说并不是好事。

## 秘诀
### 096 适度休息

专注力要持续下去，总是会耗费心力的。而适度的休息，能给孩子的心力重新"充电"，让他保持头脑良好运转。

孩子该如何休息？每个孩子不尽相同。只要休息之后，能顺利地衔接上后续该专注的活动，以及持续维持该有的水平即可。这一点，也可以验收孩子的转换性专注力表现。

## 秘诀
### 097 睡饱了才能专注

当孩子没睡饱，或没睡到刚刚好时，他在精神状态不好的情况下，上课真的很难做到维持专注力。

什么样的睡眠才是好？不妨启动你的敏锐观察力，确认孩子的睡眠周期。每个人不尽相同，有的孩子是一个半小时一个周期，有的是两小时一个周期。

## 问题十八
## 如何让孩子在期限内完成事情？

"天啊！现在都已经几点了，你还在东摸西摸？功课写完了没？"小渝妈大叫。

"数学作业还剩第四十页，另外还要查语文第十课生字。"小渝倒是回答得很淡定。

"你到底在搞什么鬼？连澡都还没洗，是不想睡觉了吗？每次等着检查你的作业，老是拖到九点、十点，你隔天不用上学吗？"小渝妈提高嗓门数落着。

"好啦！我写快一点就是了。你不要在旁边继续说，愈说我速度愈慢啦！"

"快？能快你不早就写完了。一点时间观念都没有，对自己一点都不负责，你现在才五年级就这么会拖，以后长大进入社会该怎么办？"小渝妈开始启动唠叨模式。

"哎哟！能不能不要再说了？我要写作业啦！你先出去行不行？"小渝对干妈妈的唠叨感到厌烦，这时才发现刚刚又漏看了前面的数字，心情不悦地拿起橡皮擦用力猛擦，把第四十页的纸都快给擦破了。

说真的，也不能怪小渝妈爱唠叨。

长期以来，她要负责检查孩子的联络簿。但小渝在写作业这件事情上，总是无法有效控制时间，连带着像是沐浴、整理书包、洗餐盒或准备明天的待办事项等，也跟着拖延而一团混乱。这对于第二天需要准时打卡上班的小渝妈来说，简直是无法忍受的事，而且她自己也得跟着晚睡，导致第二天上班精神不济。另外则是孩子常无法在指定时间内完成事情，让小渝妈无法接受。

但无法接受，她又能奈何？小渝妈心里也焦急。尤其望着孩子还在书桌前赶工，再抬头看看墙上时针指着"十"的挂钟。她只能在一旁叹气、摇头，心想：

"这孩子老是这样拖也不是办法。到底该如何让小渝变得对时间敏感，让她能够在指定时间内完成事情呢？"

## 有效运用时间的秘诀

秘诀098　数字，让专注力集中

秘诀099　设定截止期限

秘诀100　就是这时间

秘诀101　时间卡储值

秘诀102　时间红利点数

秘诀103　兑换喜欢的活动

秘诀104　内容设限

## 秘诀
**(098)　数字，让专注力集中**

试着用明确的数字来给孩子交代事情，例如："现在是晚上六点三十分。七点整以前，你需要完成这一张数学试卷上的十道计算题，记得每道题验算两次。"

有了具体的数字，孩子就能够更明确地知道要达到的目标。

## 秘诀
**(099)　设定截止期限**

晚上十一点，这常常是我给自己设定的完成一天事务的最后期限。截止期限摆在眼前，或许会让人多一些紧张或焦虑，但适度的压力对于专注力的维持仍然有其必要性。

试着让孩子清楚地知道截止期限，例如，和孩子说要在晚上七点整以前，把今天该完成的所有功课做完。让孩子熟悉截止期限这件事，并随时提醒自己距离截止期限还有多远。

在截止期限前，完成应该做完的任务，切实掌握进度，可以为自己带来成就感——一种使命必达，说到做到，我可以对自己负责，我能够做得到的成就感。

## 秘诀
**(100)　就是这时间**

为了让孩子对特定时间自动产生反应，建议你把一些例行事务的时间点固定。

例如，起床时间一律设定在六点三十分，上学出门时间一律设定在七点二十分，晚上八点整前必须完成联络簿上交代的所有作业。就这样一次次反复进行，等特定的时间一到，孩子就会自己提醒自己。就像动画片时间一到孩子就会知道，倒垃圾时间一到爸爸妈妈就会知道一样。

这样做完后，恭喜你，随之而来的是孩子一到特定的时间就会自行启动。

## 秘诀
### 101 时间卡储值

让孩子制定个储值计划，将自己省下来的时间攒起来，以作为日后的休闲娱乐之用。

例如，你和孩子事先约定好，每次写作业时间为一个小时。若孩子能够在规定时间范围内符合要求地写完作业，比如这次只花四十五分钟即完成，这多出来的十五分钟可以储值到孩子的"时间卡"上（你可以制作各式吸引孩子的卡片）。

当孩子每次省下来的时间累积至一定的时间长度后，可以让孩子进行一些休闲娱乐活动。

## 秘诀
### 102 时间红利点数

让孩子知道，自己的时间是自己省得愈多，赚得愈多。建议你提供"红利点数"，以鼓励孩子努力为自己省下更多时间。

你可以与孩子事先约定好游戏规则，例如当省下来的时间累积到一定量时（比如三个小时），可以额外赠送他一些时间，比如多给他半小时，以资奖励。

### 秘诀
**103** **兑换喜欢的活动**

当孩子累积了一定的时间后，可以让孩子知道他的高效率为自己多赚了许多时间。而孩子可以运用这些时间，兑换自己喜欢的活动或想要做的事。

### 秘诀
**104** **内容设限**

当然，让孩子兑换的活动还是要有一定的限制的。

例如，当孩子要求将这些时间全部拿来上网打怪兽或玩枪战游戏时，请给孩子一个合理的时间范围，而不是让他为所欲为。就像在自助餐厅仍然有些特定的食材会限量供应一样。

## 问题十九
# 如何才能让孩子有时间观念？

　　状况一：

　　"十分钟到啰！电视可以关掉了，去整理你的书包，刷牙、睡觉，明天还要上学。"阿柱妈提醒道。

　　"我才刚看没多久，再等一下啦！"阿柱目不转睛地盯着电视，搞笑的桥段让他扑哧笑了出来。

　　"你有没有在听我说话？电视关掉，时间已经很晚了。去把该做的事做完。"阿柱妈不悦地强调，"都已经三年级了，什么时间该做什么事，别老是要我提醒。"

　　"再看一会儿就好啦！"阿柱说。

　　"一会儿？你的'一会儿'是多久？你现在抬头看看时钟，都已经几点了？我再说一次，把电视关掉，有没有听到？"阿柱妈的火气开始上升。

　　状况二：

　　"妈妈，明天记得叫我起床。"阿柱在上床前说。

　　"你自己不会定闹钟？"阿柱妈说。

　　"哎哟！你帮我定嘛！记得要叫我！"阿柱要赖。

　　阿柱妈总觉得自己像个秘书一样，只要阿柱一开口，自己就得随叫随到；也像个自动闹铃，得不时提醒他现在是几点几分。

状况三：

"妈妈，现在几点了？"阿柱问。

"还有五分钟就七点了。"阿柱妈回答。

"妈妈，现在几点了？"阿柱又问。

"你在孵蛋是不是？哪有人蹲厕所蹲那么久的，动作快一点，已经七点二十分了。"阿柱妈忍不住催促。

"妈妈，现在几点了？"阿柱再问。

"你不会自己抬头看时钟，都已经七点三十分了，再不出门就要迟到了！"阿柱妈没好气地说。

"妈妈，现在几点了？"阿柱继续问。

说真的，阿柱妈好想大叫："不要再问我现在几点了，自己看时间！"她一直很纳闷是不是自己服务得太好，帮孩子做了太多，才让阿柱对她变得太依赖。"这怎么得了？我又不可能随时在他身旁，像个行动秘书一样提醒他。"

阿柱妈嘀咕着："不行，不行。总觉得阿柱做起事情来好散漫，我怎么看都不对劲，一点效率都没有。才小学三年级还对时间这么没有感觉，以后怎么办？"

"妈妈，现在几点了？"阿柱还在问。

**有效运用时间的秘诀**

秘诀105　找到专属于自己的节奏

秘诀106　准备计时器

秘诀107　使用沙漏

秘诀108　猜时间

秘诀109　孩子，你那边几点？

秘诀110　预估时间

秘诀111　创造仪式

秘诀112　现在时刻，整点报时

**秘诀**
**105 找到专属于自己的节奏**

专注力与时间管理，往往像是把兄弟一般，彼此交相影响着。孩子专注力表现得如何，关键看你是否能够与孩子找到专属于他的时间管理节奏。

具体来说也就是，孩子能否清楚地知道，在一天里，自己该如何把时间运用在当下对自己最重要或最必要的事情上，并达到目标。

**秘诀**

**106** **准备计时器**

为孩子准备一个计时器吧！在书桌前或者孩子视线所及的地方，摆上小时钟或计时器，让他随时掌握自己写作业花了多少时间，在一定时间完成的进度有多少，帮助他提升对时间的敏感度。

在孩子常出没的地方都摆上计时器，走到哪，见到哪。或者，直接给孩子买个手表也行。

**秘诀**

**107** **使用沙漏**

如果孩子正在做有时间限制的事情，或许可以使用沙漏。在沙子流淌的过程中，让孩子体会到时间的流动。

你可以视孩子的需求，选择三分钟、五分钟、十五分钟、三十分钟或六十分钟的沙漏。

**秘诀**

**108** **猜时间**

十分钟有多久？二十分钟有多长？每个人对时间的感受都不尽相同。

通常做自己喜欢的事情时，总是觉得时间过得很快。反过来，面对厌恶的事情时，又总是觉得时间过得缓慢，难以忍受。

试着让孩子针对不同的事情感受时间的快慢吧！有了时间感，可以让专注力更快地集中。

## 秘诀

**109** **孩子，你那边几点？**

你是否常发现，孩子总是嚷着："妈妈，现在几点了？"有时你会不耐烦地回答："你不会自己看？"

没错，我们就是要养成孩子自己看时间的习惯。

"你那边几点？"从现在开始，换你问问孩子吧！

## 秘诀

**110** **预估时间**

洗澡要洗多久？做数学试卷要花多长时间？睡觉前整理书包要预留多长时间？起床后到上学出门需要多长时间？五首唐诗背完需要多长时间？从书包里把考卷拿出来需要多长时间？

对于所要做的事情，预估需要花费的时间，是需要反复练习才能获得的能力。只有先估算好时间，孩子才有办法在事情进行的过程中随时掌握进度与调控速度。

开始练习预估时间吧！无论准不准，先练习再说。

## 秘诀

**111** **创造仪式**

想要让孩子的专注力被唤起，不妨在生活中多一些"仪式"。也就是说，让孩子学习在固定的时间，到固定的地方，做固定的事。当需要做的事情如同仪式般固定化，孩子的专注力就比较容易被唤起。

**秘诀**

**112** **现在时刻，整点报时**

北京站两座重檐黄瓦的塔钟总是分秒不差地在整点唱响《东方红》，迎来送往，成为北京人挥之不去的情愫。每回只要一听到《东方红》的乐声，附近的人们就很自然地提醒自己现在又是整点了。

回到孩子在专注力与时间敏感度的训练上，在家里，不妨也可以来个闹钟或计时器的整点报时。或许没有乐声，但"现在时刻，晚上八点""现在时刻，晚上九点"，仍然具有适时提醒的作用。

## 问题二十
## 总是要不断提醒孩子做事情，怎么办？

　　"小扬，现在已经八点十分了，你还在东摸西摸。明天要考数学第七单元的知识，你的试卷到底做了没？还有联络簿上老师交代过要准备水彩及泡棉，你准备了没？另外，你语文第六课的生词还有一半没写，你动作还不快一点！"小扬妈像行动秘书般清清楚楚地交代他今天应该要完成的事。

　　"妈妈，你确定明天是考第七单元，不是第八单元？"小扬问。

　　"嗯，奇怪，这是你的工作啊！你不去看联络簿，怎么还要我去做确认？是你在读书，又不是我，真是的。"小扬妈觉得很受不了。

　　"哎哟！妈妈，你记得就好了啊！反正我们两个人只要有一个人记得行。"小扬很理所当然地回应。

　　"你这孩子未免太依赖别人了吧！如果哪天我不在家，你要问谁啊？"妈妈说。

　　"我可以打电话问你啊！你只要开着手机就行啦！"小扬笑着说。

　　"亏你还说得出来，你是付薪水给我了吗？"妈妈反驳道。

"薪水等我长大赚钱以后再付给你啦！但不能算利息。"小扬一派轻松地说。

小扬妈听在耳里，真的不知道该如何回答。

小扬妈知道小扬这孩子说起话来很甜、很贴心。情绪嘛，也可以说很稳定，人一笑起来就露出两个酒窝，挺让人喜爱的。唯独这孩子的专注力和时间感，却总是让她无法放心。

"问题到底出在哪里？"小扬妈很想把这个疑惑弄清楚，"难道是我帮他做太多了？可是，如果不提醒，这孩子可就乱成一团了。只不过，我这个行动秘书到底要当到什么时候呢？"

小扬妈知道有些小学一二年级的孩子，早已经开始练习使用黄色便利贴，用自己会的拼音或汉字把事情写在上面，用来提醒自己。但是这一点，已经上小学三年级的小扬却没什么经验。

小扬会提醒我早上六点半要叫他。但是为什么他自己不动手设定闹铃？"我现在要做什么？"奇怪，这怎么会问我呢？他自己翻开联络簿不就知道了。

"这孩子前阵子老是在问：'妈妈，哈雷彗星是每76年绕太阳一周吗？'哈雷彗星记得这么清楚，但是自己哪天要月考却老是搞不清楚。这到底是怎么回事？"小扬妈有些困惑了，"为了孩子的前途着想，我不能再当行动秘书了。我应该让小扬自己当自己的行动秘书，这一角色不应该再由我这无偿服务的老妈来扮演。"

想到这里，小扬妈似乎知道该怎么做了。

**有效运用时间的秘诀**

秘诀113　取回自我的提醒权

秘诀114　音乐提醒

秘诀115　醒目的"三角窗"地带

秘诀116　资料保存

秘诀117　在脑海中演练

秘诀118　便利贴

秘诀119　随时汇总整理

秘诀120　专属日程表

秘诀121　贴心的语音备忘录

秘诀122　自创广告语

秘诀123　自定纪念日

秘诀
**113　取回自我的提醒权**

孩子的专注力是否能够维持好的表现，与孩子当下是否能觉察到"此时此刻"的自己应该做什么有着很大的关联。当然，你一定跟他说了不知多少遍。但是，重点在于孩子是否也告诉了自己许多遍。

试着引导孩子练习自我提醒："我现在应该做什么？"把提醒权

交给孩子自己吧！

### 秘诀
**(114) 音乐提醒**

运用特定的音乐，提醒孩子做特定的事情，就像一听到主题曲就马上让他联想到即将播出的动画片或电视剧一样。

选择什么音乐，你可以和孩子讨论，或让他做决定，只要他一听见就马上能够开始专注做该做的事情就可以。

### 秘诀
**(115) 醒目的"三角窗"地带**

仔细观察，你会发现许多便利店或咖啡店常选择把店面开在"三角窗"地带（街角）。这多少传达出一个信息，那就是在路口，醒目的广告可以让更多人看到。

专注力训练的原则也是这样，让孩子试着把重要的物品放在醒目的地方。经常看到，在脑海里就比较容易浮现。

### 秘诀
**(116) 资料保存**

关于第二天的待办事项，在睡前让孩子回想一遍，将明日的流程储存在脑海里。虽然人已经睡着了，但如同计算机保存资料一般，隔天起床，孩子的脑海里依旧有这些信息。

秘诀
**117** **在脑海中演练**

当孩子清醒时，试着要他将今天的待办事项，随着进行的优先级，在自己的脑海里梳理一遍。让孩子在脑海里想象这些画面，一幕又一幕，重复再重复。一回生，二回熟，以不断演练来加强印象，让孩子不再遗忘。

秘诀
**118** **便利贴**

我们有时都太相信自己的记忆力了，认为听过之后，一定可以记住刚才对方所交代的事。但请试着让便利贴发挥作用吧！让孩子试着去习惯，将待办的事情或突如其来的灵感记在便利贴上。

秘诀
**119** **随时汇总整理**

让孩子养成习惯，定时将便利贴的内容筛选、过滤，整理至笔记本中，并且适时地翻阅核对，让自己有备无患。

秘诀
**120** **专属日程表**

上班的人常常会随身携带一本日程表，以随时提醒自己当下及接下来的待办事项。那孩子呢？不妨也让他养成随身携带日程表的习惯。

有些事，凭抱怨很难改变，直接动手却很容易改变。若你的孩子已经具备书写的能力，请顺手给孩子一本属于他自己的日程表吧！至于哪种日程表比较好，可以由孩子自己选定。

## 秘诀
### ⑫1 贴心的语音备忘录

遇到需要记录事情，临时却找不到纸、笔或不方便书写时，手机里的语音备忘录也是一种贴心的提醒。如果家中的孩子已经开始使用手机了，建议你和他分享这项功能。

另外，你可能也注意到了，有些上小学的孩子早在爸爸妈妈的手机里发现了这项功能，有时还玩得不亦乐乎。

## 秘诀
### ⑫2 自创广告语

"钻石恒久远，一颗永流传""购物大润发，满意笑哈哈""你的能量超乎你想象"，这些广告词，你是否耳熟能详？没错，一句强而有力的广告语，经过反复地不断播送，再加上文字的意义与你自身的经验相联系，便很容易让人记起来。孩子的专注力训练也是同样的道理。

试着和孩子一起开动脑筋，对于平时该做的重要事情，可以用一句口号，像广告词一样让他记下来。例如："功课先做完，放心好好玩！"

借由孩子不断的自我强调，而不是你的啰唆唠叨，经过一段时间的自我对话后，孩子就容易形成内在想法，而通过自我提醒并实际执行，将有效取代拖延并降低逃避的概率。

## 秘诀

**123** **自定纪念日**

你还记得2012年12月21日那一天吗？谣传世界末日会在那一天到来。

当然，当你看到这一段时，世界在继续运转。在古玛雅历法结束的日子，网友们用"是芥末日"取代"世界末日"，这一天也让人印象深刻起来。

回到专注力的加强上，我们可以和孩子一起来定一些特别的"纪念日"，使其成为令他印象深刻的日子。他可以在这属于自己的日子里，预先排入当天要做的事，并且不时提醒自己，就像孩子总会记得在他生日那天提醒爸爸妈妈一样。

第六章

专注力与整理效率

# 提升整理效率

对于专注力涣散的孩子，"混乱"几乎成了他的代名词。俗话说"乱中有序"，但很抱歉，通常"乱"有，但"序"没有。"妈妈！""妈妈！""妈妈！"通常在一阵阵尖叫声之后，你就得使命必达，像搜索队一般，负责帮孩子找出他要的东西。

好吧，你现在要拒绝接受这项搜索任务。放手，让孩子自己来。

漂亮！这本来就应该是孩子该负的责任。

搜索开始，时间总是在找东西的过程中悄悄地流逝——孩子的时间还是比较多，没什么感觉。

这不是一场好玩的游戏。想玩躲猫猫，和小朋友玩就可以；和物品玩，那就算了，因为会玩很久，久到把心都搞乱了。你看哪个人找不到东西，还能够举止优雅呢？

我常说："专注力的养成是一种良好习惯的建立。"关于这一点，在日常生活中做好自己分内的事务，更是如此。

当孩子对于贴身的书包都无法驾驭，任由它乱成一团时，那就更可以想象其他物品会如何"流落异乡"了。

别忘了，该负责的人还是他自己。

是时候通过有效的整理及"断、舍、离"，让孩子提升专注力了。帮助他学会以最短的时间、最快的速度，干净利落地将东西定位，把东西找出来。

## 问题二十一
## 如何教孩子整理书包?

"妈妈,我的舞蹈课课程表放到哪里去了?"阿胜焦急地叫着。

"嗯,你也真有趣,课程表放到哪里怎么来问我?不是你自己放在书包里的吗?"阿胜妈说。

"可是我找不到啊!你快点来帮我找嘛!今天晚上家长要签名,明天要交给舞蹈老师啦!"阿胜又叫道。

"你不就一个书包,自己不会仔细翻一翻。"阿胜妈似乎还没有出手帮忙的意思。

"哎哟!我已经找很久了,快点帮我找嘛!"阿胜催促着。

"你有没有把课程表带回来?"阿胜妈问。

"有!"阿胜回答。

"有没有夹在联络簿里?"阿胜妈再问。

"我翻过了,没有啊!"阿胜说。

"会不会夹在练习册或课本里?"阿胜妈继续问。

"没有,就是没有!"阿胜大叫。

"你这孩子也真是的,连一张课程表都收不好,以后长大了还能负什么责任?"阿胜妈念叨着。

"哎哟！快点帮我找！"阿胜生气地大喊。

"自己收到哪里忘记了，还在嫌我啰唆，不然你自己找，校外教学又不是我要去。"阿胜妈也动气了。

"快点啦！"阿胜再次催促。

"妈妈搜索队"总算出动了，但是……"我的天啊！你的书包像什么样？怎么乱成这样，你是把它当成资源回收包啊！难怪每次东西都找不到。课本、练习册、联络簿也不整理好。你看，这张试卷被塞成什么模样？快像根油条了。铅笔、橡皮擦、尺子也不好好放回铅笔盒……"阿胜妈一边翻着书包，一边抱怨着。

"哎哟！你不要再说了，啰里啰唆的，快点帮我找出来啦！"阿胜索性将整个书包的东西都倒了出来，只见桌面上的东西散成一片，连硬币、弹珠也都滚了出来。

阿胜妈不禁摇着头说："唉！你的习惯还真差。一个书包都收拾不好，每天都把时间浪费在找东西上。我看真的应该找个时间来好好教你如何整理书包。不然，以后一定又是'妈妈，我的××在哪里？快点帮我找一找！'"

"你到底找到了没有？"阿胜问。

## 提升整理效率的秘诀

秘诀124　让物品回家

秘诀125　快取学习单

秘诀126　睡前做好书包检查

秘诀127　一个皮箱走天涯

## 秘诀
### 124　让物品回家

让孩子懂得一件事：每个物品都有属于它自己的家，无论这个家是套房、公寓、别墅，还是庄园。

当然，孩子一定要记得这些物品的家在哪里，对于它们的"地址"一定要清楚而熟悉。当东西拿出来之后，不再使用了，最好的方式就是让它们马上"回家"。

## 秘诀
### 125　快取学习单

你是否算过，孩子从书包拿出一张通知单或学习单需要花费多长时间？

一起动手和孩子玩这个游戏：请用最短的时间从书包里把指定的学习单拿出来。或者，你也可以观察孩子拿出联络簿所花费的时间。

这件事是否能有效率地完成，往往取决于孩子放置物品的习惯。

你也可以试试看，算算自己从袋子、书包或口袋里拿出公交卡的时间。倒数七秒，试试看如何？

## 秘诀
### 126　睡前做好书包检查

无论对大人还是孩子来说，睡前的时间总是比第二天早晨出门前充裕些。让孩子逐一核对，依联络簿上记录的所需携带的物品及第二天上课的内容，将书包整理妥当。

请记住，第二天上学时，直接将书包背上出门，不要再动书包里的东西，以免东西拿出来后，又被遗忘在一旁。

## 秘诀

**127** **一个皮箱走天涯**

你是否发现孩子常常如此——该带出去的东西却忘记带，或东西带出去了却忘记带回来，特别是当他需要随身携带多样物品。孩子外出携带的东西越多包、越多袋，丢三落四的情况就越容易出现。

试着让所有的东西都回归到一个书包里，顶多外加一个袋子。

一个皮箱走天涯，随身携带的书包或提袋愈简单愈好，以预防该带的未带、不该带的却带出门的窘境。

## 问题二十二
## 孩子总是找不到东西，怎么办?

"妈妈，你有没有看到我的胶水? 我找不到啦! "光辉急得翻弄着书包，打开抽屉，往内探头查看，还是找不到现在手工作业正要用的胶水。"妈妈，快点帮我找一找啦! 是谁把我的胶水拿走了? 我明明带回来了啊，怎么不见了! "

"是谁? 我们家有谁? 每次叫你把东西收拾、整理好，就只会说'等一下'。这下好了，胶水找不到，我看你用什么东西来粘。"光辉妈回应。

"那有没有订书机? "光辉问。

"你还问我有没有订书机? 这些文具用品我买了多少给你，你有没有算过? "光辉妈说。

"妈妈，赶快帮我找找! 我明天要交手工作业，快一点! "光辉继续催促着，"谁叫你不多买一些备用? 害我现在要用都找不到。"

"多买一些? 你以为家里是在开超市吗? 东西乱扔一通，买再多也没用。"光辉妈这回真的不想再管他。

"怎么办? 到底要不要帮他找? 可是事事帮他干也不对啊! 那是孩子自己的责任，怎么会变成我这当妈的在帮他找？要帮他找到几岁？"光辉妈被光辉一直催促着，心里有一些动摇，"忍住，这回一定要忍住。再帮他找，我看以后就没完没了了。如果我真的替他着想的话，一定要教会这孩子为自己的行为负责。"

光辉妈自言自语着："不过这孩子也真是的，总是丢三落四，个性真的跟他老爸好像。每天单单捡他的东西，如果拿去拍卖，都不知道可以赚多少钱。"

"就像回到家，袜子一脱就随手往地上一扔，老是跟我说'等一下'。他爸爸还在扯后腿说：'小男生都是这样，别斤斤计较嘛！'什么小男生？我看他这个老男人也是一样。这家里，如果不是我不停地在整理，不知道成了什么样。"

"我想重点不在于像光辉讲的'怎么不多买一些备用'。重复性的东西太多，只会让家里更凌乱，找东西只会更耗费时间。人家不是常说'少即是多'，这句话我相当认同。"

说归说，光辉妈还是会担心孩子养成生活散漫的习惯。"如果没有好好地改善，帮他建立一些好习惯，以后光辉这孩子真的会吃亏。等养成了坏习惯，就真的很难想象了。"

想到这里，光辉妈不禁捏了一把汗。

## 提升整理效率的秘诀

秘诀128　不落地政策

秘诀129　回避"三不管"地带

秘诀130　物品的社区

秘诀131　使用颜色区隔

秘诀132　遮蔽与展示的选择

秘诀133　用收纳盒装作业

秘诀134　巧用封口袋

秘诀135　少即是多

秘诀136　有多久没使用了

秘诀137　丢掉不能用的笔

秘诀138　依世界地图摆放

**秘诀**

**128　不落地政策**

你常常会发现孩子总是将手中的物品随手一扔，如脱掉后应该丢进脏衣袋却扔在地上的臭袜子，或是放学后随手一放的便当盒。

"等一下"，这句耳熟能详的话常出现在孩子的口中，也不知不觉地侵蚀着孩子在生活上的专注力。"等一下"，我想如果你没有再积极去催促他，大概会等到天荒地老，这些该归位的东西永远也回不了"家"。

请让孩子知道并彻底执行"不落地政策"。没有"等一下"这回事，东西不落地，让它们各归各位。东西可以乱，但东西不能找不到。东西可以乱，但不能乱摆乱丢惹人烦。

## 秘诀
### 129 回避"三不管"地带

别让孩子将文具、玩具、课外读物和上课书籍掺杂在一起，把书包或课桌变成"三不管"地带，而让他自己忘了当下应该做的事。

物品混杂，往往容易让孩子的专注力受到不相关刺激的吸引而分散。

例如，同一个书柜里什么东西都有，结果他原本要拿数学课本，到后来却被一旁的玩具吸引；翻翻语文课本，又把一旁的漫画书拿出来看。

## 秘诀
### 130 物品的社区

让孩子练习把物品依类别分开放，就像住在不同的社区一样。文具一个社区，玩具一个社区，课外读物一个社区，上课的课本一个社区。社区与社区之间，最好像楚河汉界一样分隔清楚。

秘诀

**131　使用颜色区隔**

为了让孩子有效区分物品，你可以尝试以颜色来区隔。例如，书柜选择白色系列，将书摆放在洁净的白色柜子里。玩具柜选择红色系列，将孩子的玩具、贴纸等放在显眼的红色柜子里。另外，衣物柜选择黑色系列，提醒自己将衣物存放在乌黑的柜子里。

以上的颜色只是举例，你当然可以和孩子自由选择容易区分的色系。以颜色区分物品，提高孩子搜寻与提取的效率。

秘诀

**132　遮蔽与展示的选择**

柜子里的物品到底是要用布或木门遮住，还是要让它外露，让孩子看见？这由孩子的"选择性专注力"的表现决定。

如果眼前这些东西并非需要经常使用，或者其中有容易引起孩子分心的玩具或其他刺激物，这时，遮蔽会是比较好的选择。

如果某些物品需要让孩子熟悉摆放的位置，以增加日后提取的效率，例如书本或作业，建议将其放在孩子经常能看到的地方，以便让他熟悉东西放在哪里。

秘诀

**133　用收纳盒装作业**

你总是感到头痛：孩子的课本、作业、试卷、铅笔和橡皮擦等，每次在他写作业时都掉满地，东摆一个、西放一个，每回单单在找这些物品上，就不知不觉耗费了许多的时间与心力。

给他一个收纳盒吧！让孩子在做功课前，翻开联络簿，把今日要完成的作业与所需物品，全部丢入这个盒子里，让这些必备物品全都无处可逃。

### 秘诀

**134** **巧用封口袋**

若你发现孩子总是容易让小东西"四处流浪"，这时，运用封口袋来分装这些小物品，在保管上比较方便，也比较干净利落。

我自己习惯用两种封口袋：五号（100 mm×150 mm）封口袋常拿来装较小的物品，例如零钱、发票或钥匙等。八号（170 mm×240 mm）封口袋装一本书外出刚刚好。你也可以试着找出符合孩子需求的大小不同的封口袋。

### 秘诀

**135** **少即是多**

少即是多。简单、少量，可使物品的搜寻更精准。

有时东西太多，会造成视觉搜寻的困难，让孩子花费许多时间在搜寻上面。

让孩子树立一个观念，在每一个新的物品加入之前，先思索一件事：原先的旧东西该如何处理（哎呀！真是难分难舍）。

秘诀

**136** **有多久没使用了**

你可能会发现，孩子的桌面上总是摆放着许多不必要的物品，而且摆上了以后就像忘记了一般，不再去动它。

或许，你可以做个小测试，在桌上选个不必要的物品，例如已用完的胶水，在上面贴上日期标签。接着，你可以看看，这瓶不能再用的胶水摆到哪一天才会被孩子发现、处理并丢弃。

让孩子知道他已经多久没碰它了，它在那里占了多久的位置。不必要的东西，总是无谓地耗损孩子搜寻的时间。

秘诀

**137** **丢掉不能用的笔**

有些孩子总喜欢留下许多已经没有办法再使用的笔。而这些舍弃不掉的笔，就鸠占鹊巢般地塞满整个铅笔盒、笔袋、笔筒或抽屉。每回只是想拿一支可以写字的笔，却往往不知不觉耗掉许多时间，他一试再试，不断地检查笔有没有水、可不可以用。

请让孩子一口气检查完所有的笔，并且试着牙一咬，二话不说，把已经坏了、没水了、不能写的笔统统丢掉，留下所有可以使用的笔。到时候无论孩子拿起哪一支笔，都可以立即动手书写。

秘诀

**138** **依世界地图摆放**

东西该如何分类，这一点没有标准答案。但是，你可以找到属于自己的快速搜寻物品的方式。

和你分享我先前的例子。多年来，我有收藏电影光碟的喜好，而当收藏数量一多，如何摆放及顺利找取就成了一个挑战。

由于我熟悉世界地理的概念，因此，当时摆放的方式是将电影光碟按照出品国家的地理位置排列，以让自己能够快速找到所要观看的电影。

例如，正前方如果是中东伊朗，这时印度电影就开始往右下放，中国电影就往右上放，接着再往右，从上至下依次放日本、韩国的电影。同样地，欧洲电影依序向左放，从上到北欧的瑞典、丹麦、挪威，到下到东欧的俄罗斯，再往左是中欧的德国、西欧的法国，下方再摆南欧的意大利、西班牙等国的电影。地图就在我脑海里。

我想，你和孩子一定也有属于自己的物品存放方式。无论是文具、玩具还是教具或书籍，都请和孩子一起进行"头脑风暴"，找出最适合自己的模式吧！

## 问题二十三
# 孩子的玩具老是乱成一团，怎么办？

　　"买这么多玩具干什么？玩了以后也不收拾，散得到处都是。每次还不都是我来收拾、整理？干脆把它们全部都捐出去算了，省得我麻烦。"小瑞妈边整理边抱怨着。

　　望着手上的两台玩具车，她边摇头边喃喃自语："每回都只会叫我找，拜托，家里还有一个人是爸爸，为什么不找他？只会折腾我，以为我在家没事做，只负责收、负责找吗？奇怪，明明一模一样，干吗还吵着买？唉！找不到就只会吵着再买。"

　　"收拾有这么难吗？一次玩一个有这么难吗？为什么那么难教？都已经是大班的孩子了，到底幼儿园里有没有教啊！"小瑞妈边收拾散在地上的拼图边抱怨，"哪有人拼图这么扔的？到底拼图是拿来拼，还是拿来让我四处找的，每次少了找不到的那一块，就在那边又哭又叫。"

　　"哎呀！还好我只生了小瑞这一个。实在是很难想象家里生了两三个小孩的妈妈是怎么做的。特别是那种两三个男孩的，玩具到底怎么收拾？唉！想想就让人冒冷汗。"小瑞妈索性把手上的拼图拼了起来。

　　"嗯，不对。玩具是小瑞在玩，现在怎么会变成我帮他整理、收拾呢？我会不会帮他做得太多，让他变得太依赖我了？难怪他总是理所当然地认为，找不到玩具叫妈妈是很自然的事。嗯，找不到还会被他抱怨！哎哟，我这做妈的真是做得太多了！不行、不行。"小瑞妈一把一把地将乐高积木抓回桶里。刚刚不小心踩到时，她还痛得差点叫了出来。

小瑞妈一直在想，自己除了抱怨外，对于孩子不收拾玩具这件事到底在烦恼什么？是孩子没有负起该负的责任，还是习惯没建立好？找不到东西，除了浪费时间，是否也暗示了孩子的专注力不好？

## 提升整理效率的秘诀

秘诀139　划分玩具特区

秘诀140　餐厅的联想

秘诀141　分类好寻找

秘诀142　物归原位

**秘诀**
**139** **划分玩具特区**

玩具总是容易吸引孩子的目光。当玩具在家里任意四处"游走""旅行"时，孩子的专注力也很容易随着飘走。

如果你家里的房间允许的话，请让孩子把玩具放在独立空间吧！把玩具留在特区里，要玩就在这里玩。玩具要出特区？很抱歉，先经过家长允许再说。

## 秘诀
### 140 餐厅的联想

某家餐厅有个规则，除了少数限点一次的东西之外，法式吐司、沙拉、松饼、手工现烤蛋糕、法式焗烤三明治等食物，皆不限量供应。但你眼前只有一个盘子，只有将盘子里的点心吃完之后，才会再为你送上下一道。

这让我联想到，孩子每次使用东西或玩玩具时，都是一股脑地把玩具拿出来，且东玩一下、西碰一下，就像试吃大会一样。面对这么多的物品，专注力总是断断续续的。

这时，你可以用这套规矩：每次玩一个，玩好了，收起来，再拿下一个。无论孩子每个玩具玩多久，就是只能玩眼前这一个。就像看书，从书架上拿起一本书，看完后要先放回原位，才能再取下另一本书阅读。

## 秘诀
### 141 分类好寻找

引导孩子将玩具依照属性或自己熟悉的方式分类。

例如，布偶、填充娃娃、塑料动物等归一类，玩过家家等厨房游戏用的锅碗瓢盆、塑料水果等玩具归一类，乐高和积木等建筑玩具归一类，汽车、火车、回力车跟轨道等交通玩具归一类，绘画用品及黏土等归一类，绘本、磁带等归一类，棋弈及桌游等归一类。

重点是，让家长和孩子都比较好收拾，比较好寻找。反面的例子是大家习惯将玩具统统都塞进大型塑料收纳箱里，结果就是东西也许就在那里面，但你总是得找很久。

### 秘诀
**142** **物归原位**

你可以试着通过照相的方式，为所有归好位的玩具拍张照片。平时，让孩子熟悉这些照片内容，以加强对物品摆放位置的印象。必要时，让他依照片将玩具收拾归位。你也可以和他玩物归原位的游戏。先请孩子记住柜子里的玩具或物品的位置，随后将这些物品取出。一段时间后，再请孩子将这些玩具或物品放回原来的位置。

第七章

专注力与感官训练

# 提升五感专注力

孩子不是睁大眼睛、竖起耳朵，就能够自然而然地启动他的"集中性专注力"的。

其实，我们都没有好好使用我们的各项感官，总是让它们处于休眠状态。除了偶尔打开视觉与听觉开关，其他像触觉、味觉、嗅觉则常常被设定为静音模式，使人几乎忘了它们的存在。

每个孩子擅长的或所需要加强的专注力种类都不尽相同。

有些孩子，视觉专注力很敏感或相对较弱，这可能反映在视觉辨识、搜寻、浏览、理解、记忆能力等方面。

同样地，有些孩子则在听觉专注力方面有不同的表现——这可能反映在觉察、分辨声音、辨位、听觉理解或听觉记忆等方面。

先不要被眼前的这些专有名词吓到了，其实，让感官启动是很自然、有趣且容易进行的游戏，只要你记得唤醒它们就好。

点个名吧！别再让它们沉睡了。大声报数：1.视觉；2.听觉；3.触觉；4.味觉；5.嗅觉。

摩拳擦掌，使"五感"各就各位，让集中性专注力好好发挥。

无论是在室内还是在户外，无论是静态还是动态，试着让视觉、听觉、触觉、味觉和嗅觉等和专注力一起"玩"，共同成长，相亲相爱，使孩子的生活因专注而变得更精彩。

## 问题二十四
## 孩子的视觉专注力很差，怎么办？

"小山，你不是想看这本《一直一直往下挖》吗？"

"对啊！可是我刚刚在书架上没找到。"

"嗯，你眼睛这么大，怎么会找不到？你以为咱们家是书店啊！书没那么多，怎么会找不到，我看是你没有认真找。"

"小艾！你到底还要不要拼拼图？不要每次都玩一半就扔在那里。"

"妈妈，我不想拼了，好难啊！我找不到我要的那一块。"

"你还真没耐性，不仔细找，哪会拼得好？跟你哥哥一样，每次都只会说找不到。我看你们兄妹俩的眼睛真是白长了，找东西有那么难吗？我就是帮你们做太多了！下次要找什么就得自己来。"

"妈妈，手机能不能借我？"

"干吗？"

"我写心得要查生字。"

"嗯，哪有懒成这样的？你不会用字典查吗？"

"哎哟！用手机查比较快，不然你直接教我也可以。"

"小艾，用点脑筋好不好？不然用点眼睛也可以。"

"妈妈，手机快一点借我，不要再说什么脑筋、眼睛了。"

"小艾，妈妈去书店帮你买了那么多练习册，也没看你在写、在画，你摆着它们只是为了好看吗？"

"我又没有说我要买。"

"嗯，拜托，难道这些'连连看''涂颜色'和'走迷宫'，是要让我或爸爸做吗？"

"你们要做也可以啊！"

"这是为你好呀！"

"有什么好？"

"小艾，就是好在……"妈妈一时语塞，说不出话来，"哎哟！反正等一下你去拿笔来做就对了，不要问那么多。"

为什么帮小艾买这些练习册？说真的，妈妈自己也不太清楚。只是逛书店时，刚好看见其他妈妈在这些练习册的架子前挑选，并在聊说什么对专注力有帮助，她想想，好像也该帮幼儿园大班的小艾找一些来做做，好训练专注力。

## 提升五感专注力的秘诀

秘诀143　依样画葫芦

秘诀144　连连看

秘诀145　走迷宫

秘诀146　画路线图

秘诀147　熟悉猪尾巴与象鼻子

秘诀148　拼图——视觉辨识

秘诀149　拼图——从局部想到整体

秘诀150　字母搜寻

秘诀151　查字典

秘诀152　寻找一本书

秘诀153　搜索邮政编码

秘诀154　转动地球仪

秘诀155　威利在哪里？

秘诀156　万绿丛中一点红

秘诀157　大家来找碴儿

秘诀158　对视

秘诀159　单眼皮同学在何方？

## 秘诀

## 143　依样画葫芦

视觉专注力在孩子的专注力练习中占了很大的比重。

你可以通过纸笔，针对孩子的视觉辨识及精细动作能力，让他依样画葫芦，练习仿写、仿画。不妨从简单的线条、形状开始，逐渐增加复杂度，变成字母、生字或图案，再比较仿写、仿画与原字、原图的相似度。

## 秘诀 144 连连看

"连连看"这款简单的纸笔游戏，是提升孩子集中性专注力的基本练习之一。

将纸上的数字用笔依序连起来。主要通过数字之间位置的复杂度及数字的量，增加视觉搜寻的难度。

上网搜索一下图片，输入关键词"连连看"，你将会找到许多可以参考的练习模板。

## 秘诀 145 走迷宫

"走迷宫"如同大人在路上开车一般，从起点至目的地，除了需要专注力与方向感之外，该过程更是一场提升孩子解决问题能力的训练。

上网搜索一下图片，输入"迷宫"，也有许多复杂程度不一的迷宫等着你。

## 秘诀 146 画路线图

拿出纸笔，给孩子一个出发点和目的地，试着让他开始练习画出路线图。

例如：以家为起点，以学校大门口为终点。让孩子在画路线图的过程中，脑海里不断地回溯、整理、思考、判断一些细微的脉络。用动手画出路线图的方式，让孩子脑中的认知地图更清晰。

**秘诀**

**147** **熟悉猪尾巴与象鼻子**

提升视觉专注力有个方式，就是试着了解及辨别每个事物的关键特征。例如长颈鹿的长脖子、大象的长鼻子，以及小猪的鼻子或尾巴、鸭子的嘴巴等。

在这个练习中，你可以试着问孩子："长鼻子让你想到什么动物？""看见什么特征就会让你猜到那个动物是猪？"

当孩子熟悉这些事物的关键特征后，反应力便相对地提升了。当然，可不能直到看到整个猪头，才知道那是头猪哟！

**秘诀**

**148** **拼图——视觉辨识**

拼图，可以说是一般学龄前幼儿及接受早期教育的孩子，常常会接触到的练习之一。到幼儿园或大型超市逛逛，你就知道我所说的意思了。

拼图通常有两种呈现的方式。

一种是常见的正方形或长方形拼图框。在这类拼图中，孩子面临的挑战，主要在于拼图上的图案辨识度、拼图的复杂度及拼图片数等。

这个过程中，针对颜色、线条、形状、方向或位置等，孩子需要充分运用自己的视觉专注力。

在这项活动中，集中性专注力与持续性专注力也决定着孩子是否能够顺利完成拼图。当然，手眼协调能力、精细动作能力及挫折忍受力，也是影响因素。

### 秘诀
### (149) 拼图——从局部想到整体

另一类拼图，则主要以从局部想到整体为主。例如，将一只鸭子的图案，依轮廓分成数等份，然后将其打乱，由孩子来练习拼凑。

在拼图的过程中可以发现孩子是否能够专注地从局部（例如鸭头）马上辨识出眼前所要完成的整体图案为鸭子。

### 秘诀
### (150) 字母搜寻

"字母搜寻"的难度，比"连连看"复杂些。搜寻的速度与正确率，与孩子对所要找的英文单词是否熟悉有很大的关联度。

这个过程中，不相干字母的干扰，也在挑战着孩子的"选择性专注力"——是否能够专注在应该搜寻的单词上，而排除不相关刺激的干扰。

上网搜索一下图片，输入关键字"字母搜寻"，你可以顺利找到许多可参考的练习模板。

秘诀
**151 查字典**

查字典？没错。当孩子开始练习翻阅字典的时候，视觉搜寻的专注力已经开始在运作了。

"搜寻"需要的不仅是专注力的持续性，慢慢查虽然优雅，但查字典讲求的还是速度优先。

孩子要想在最短暂、最经济的时间里，快速地找到自己所需要的字词，还是需要技巧的。例如：当查出该字是在第356页时，孩子可能不适合一页一页慢慢翻，而是要能够一百页一百页地跳着翻。当然，如果功力高超些，能够直接翻到接近第300页的话更好。

查字典，还是要练的。

秘诀
**152 寻找一本书**

生活中，处处是搜寻的机会。

"请帮妈妈去书架上找一本关于教育的书。"

找书，搜寻，是需要一些技巧与策略的，尤其是，若你期待孩子能在第一时间就把你要的那本书找出来。

面对眼前一排一排直立的书，可以提醒孩子在搜寻时，视线要摆在什么位置或高度，同时考虑是否需要运用自己的食指进行搜寻辅助。

别小看"找一本书"，有时它可能会花费孩子许多的时间与力气。不然，你试试。

## 秘诀

**153** **搜索邮政编码**

拿出《中国邮政编码大全》，和孩子来玩一场快速寻找邮政编码的游戏。一个人负责唱名，一个人负责寻找。

如果孩子要加快搜寻速度，他必须先知道所要寻找的地方大致在哪个区域。

## 秘诀

**154** **转动地球仪**

拿出家里的地球仪，或翻开世界地图，和孩子来一场环球跳跃旅行。

这是一场需要视觉搜寻能力参与的专注力练习，当然，也和孩子对于地理、空间和国家的认识程度有关。

你负责说国名，让孩子来寻找。

例如："荷兰在哪里？""不丹在哪里？""科特迪瓦在哪里？""新加坡在哪里？""新西兰在哪里？"

还可以进阶一点，和孩子玩寻找城市。例如："威尼斯在哪里？""新德里在哪里？""东京在哪里？""约翰内斯堡在哪里？""巴尔的摩在哪里？"

## 秘诀

**155** **威利在哪里？**

运用《威利在哪里？》（*Where's Wally?*）这套系列绘本，让孩子练习在绘本中以最快的速度找出威利吧！

　　当然，在进行这项搜寻练习之前，应该先让孩子知道一件事：威利到底长什么模样？

　　请不要小看这项提醒。有些孩子还真的是一拿到图片，问也不问威利长什么模样，就开始不假思索地找了起来。等花了一大段时间遍寻不着后，才突然想到要问："威利是谁？""威利长什么模样？"

## 秘诀
### (156) 万绿丛中一点红

　　在一大堆绿豆中丢入一些红豆。接下来，孩子得非常仔细地将这些误入绿豆中的红豆拣出来。

　　红豆是否能够被孩子顺利拣出？这就需要他的视觉搜寻与辨识的能力了。

## 秘诀
### (157) 大家来找碴儿

　　电影《宝米恰恰》讲述了一对出生只差五分钟，身高一样、体重一样，连痛经程度都一样的双胞胎姐妹张宝妮与张米妮的故事。两人就读同一所高中的不同班，但又参加同一篮球校队，在校园里总是被误认为是同一人。

　　没错，正是要教你和孩子来玩一场"大家来找碴儿"的游戏，就像在遇见同卵双胞胎时，需要专注才能区分他们彼此的差异。

　　试着上网搜索一下图片，输入关键字"找不同"，你会找到可以参考的相似图片。

这种辨识的功力关系到孩子日后是否能够区分真品与赝品、正版与盗版哟！

秘诀
**158** **对视**

和孩子来玩一场"两眼对看，不能露出微笑"的游戏吧！

游戏可采用三局两胜的方式，谁露出微笑，就失一分，看谁的视觉专注力及自我控制能力更好。

这个过程中，如果搭配上由生存者合唱团（Survivor）演唱的歌曲《虎之眼》，将更有双方对决的比赛气氛。

秘诀
**159** **单眼皮同学在何方？**

这是一场应用视觉搜寻能力的专注力游戏，游戏过程中，搜寻者必须在团体里找出哪些同学是单眼皮，并在一定的时间里，看谁找得多。

当然，你也可以将游戏复杂化。例如，搜寻者必须找出眼睛一单一双的同学，或者找出单眼皮女孩和双眼皮男孩。

## 问题二十五
# 孩子的听觉专注力很差，怎么办？

　　美莉拿着遥控器对着播放器不时地按着。她的浮躁，反映在每一首只播放一半的歌曲里。美莉妈看在眼里，有些担心地想着："这孩子是对这张音乐碟片没兴趣，还是她的专注力集中的时间过于短暂，连听完一首歌都没办法？"

　　美莉妈知道每回在跟美莉讲话时，她明亮的眼睛总是骨碌骨碌地向别的地方望去。当然，一提醒她，她就会不好意思地再继续注视着你。只是每次她说话时眼神的不专注，总是让家里的老人念叨："这孩子真是没礼貌，和她说个话，眼神怎么到处飘。"

　　在美莉的房间里，墙上贴满了珍珠美人鱼的卡通图案，书桌上也有许多光之美少女的贴纸，连床铺上都是美少女战士图案的枕头与棉被。只是美莉妈发现，美莉在房间时心情很愉快，却无法在这卧室、书房共存的空间里，专心地进行阅读、书写或其他需要动脑的事情。

　　美莉妈觉得美莉这孩子的专注力比其他同龄小朋友要弱。

　　"应该找个时间来训练她的专注力。"美莉妈想着，

"但是，如果马上就拿教科书来训练她的专注力，还没开始，我大概就可以预料到结果会是什么了，不外乎'好无聊、好无聊、好无聊'地疯狂抱怨。"

美莉妈苦思许久，突然脑中灵光一闪。"嗯，不如先从比较轻松的听音乐开始吧！不然，玩一些声音游戏也行。"虽然美莉听音乐时总是耐不住性子，但是对美莉妈来说，凡事都有开始的一步。"至少比从课本开始简单一些，先引起孩子的兴趣吧！"

这回，美莉妈决定把音乐重新挑选一遍，先去除美莉之前听时总是跳过去的音乐。"毕竟听音乐是很主观的一件事，那就先从她喜欢的歌开始，陪她一起欣赏聆听。"

好好听完一首歌，这是美莉妈采取的第一步，而这一步她一定要成功。

美莉妈先试了一首《茉莉花》，因为她发现美莉虽然才小学四年级，但对于这首文艺晚会上常常播放的歌却记忆深刻，能跟着哼唱。虽然歌词总是唱得零零落落的，却是她难得能好好听完，且要求重复再听的曲子。

这次的成功经验，让美莉妈信心满怀。"关于美莉听觉的专注力，我想应该可以再继续训练下去。"

愿意听，能够听，让美莉逐渐从这些游戏中感受到自己也有能够做到的能力。

"还可以怎么玩呢？"美莉妈继续思索。

## 提升五感专注力的秘诀

秘诀160　脉搏的跳动

秘诀161　前奏猜想

秘诀162　轻敲一首歌

秘诀163　打爆气球

秘诀164　善用节拍器

秘诀165　《听见天堂》

秘诀166　鼓声咚咚

秘诀167　对我趴

秘诀168　3、6、9不拍——基本版

秘诀169　3、6、9不拍——进阶版

秘诀170　拍手"叠罗汉"

秘诀171　听完一首歌

秘诀172　注意！"你我他"出没！

秘诀173　联想

秘诀174　你在叫我吗？

### 秘诀
**160** **脉搏的跳动**

让孩子练习用食指及中指轻轻按压测量脉搏的位置。提醒孩子用指尖的触觉，仔细记录自己脉搏跳动的次数。以一分钟为限，看孩子数了多少次脉搏的跳动。

其实，数对或数错都不是重点。这个练习的目的在于让孩子通过感受脉搏的跳动，提升专注力。

### 秘诀
**161** **前奏猜想**

选一首歌，要孩子仔细聆听这首歌的前奏。当音乐开始时，让孩子以最快的速度猜出这首歌的歌名。

这是一种关于听觉专注力的游戏。当然，孩子是否能够正确且迅速地猜出歌名，也和孩子对这首歌的熟悉程度有关。

### 秘诀
**162** **轻敲一首歌**

用手指轻轻在桌面上敲出一首歌的旋律，让孩子仔细聆听这是哪一首歌。接着角色互换，改由孩子用手指轻轻敲，换你猜这首歌。

猜歌，你需要听觉的专注力与辨识力。

敲歌，你需要能够掌握歌曲的旋律，并实际敲击出来。

秘诀
**163**　**打爆气球**

让孩子捂住眼睛，将专注力聚焦在慢慢往气球里打气时的声音变化上。试着在气球即将爆破前，将双耳捂住。

这个游戏的目的，在于让孩子对于细微的声音改变更敏感，并提升对于声音的辨别能力（害怕气球爆破声的孩子，可能一开始就会捂住耳朵了）。

秘诀
**164**　**善用节拍器**

"一二三四、二二三四、三二三四、四二三四……"你孩子的节奏感好吗？

善用节拍器，让孩子练习听觉专注力。使用机械式节拍器或者电子节拍器都可以，无论是用节拍器来辅助孩子弹奏音乐，或是依着节奏来打节拍，都是一种很棒的音感练习。

秘诀
**165**　**《听见天堂》**

意大利电影《听见天堂》讲述了小时候失明的米可如何成为闻名全欧洲的声音剪辑师。电影中，他运用一台老旧的录音机，收集生活中的声音，把它们编织成一段段美丽的故事。

来和孩子一起玩一场声音游戏吧！由你抛出一个题目，例如"暴风雨"，这时孩子用周围可以找到的物品，制造出暴风雨时的声音。

依此类推，可以让孩子继续玩"天摇地动""紧急刹车"或"厨房漏水"的声音游戏。

## 秘诀
### 166 鼓声咚咚

富有节奏、韵律的鼓声从何而来？让孩子轻轻地闭起眼睛，仔细聆听这饱满的鼓声是从哪个方向传来的，再顺着鼓声往声音的来源走去。这时，孩子的听觉专注力得到了很大的锻炼。

## 秘诀
### 167 对我趴

电影《阵头》里，最引人注意的桥段之一，就是戏里的梨子用台湾方言大喊"对我趴"，随后九天民俗技艺团里的众成员热血澎湃地奋力击鼓。如果你有印象，梨子这精湛的鼓技，其实是受到一次望见主角阿泰情绪激动地对着石头猛打场面的启发，而随即将其复制在脑海中。

也和孩子来一场"对我趴"吧！你可以先随意打着节奏，随后再由孩子模仿出你的节奏。这时，听觉专注力，以及与生俱来或后天学习的节奏感即将闪亮登场。

## 秘诀
### 168 3、6、9不拍——基本版

这是一个很有意思的游戏。玩之前，似乎每个人都很有把握，但是开始之后，才发现实际比想象的困难。

游戏规则很简单：从1数到30，所有的人边数边拍手。当数到有3、6、9的数字时（例如3、6、9、13、16、19、23、26、29、30）不拍手——但双手作势要拍。

在许多演讲的场合进行这个游戏时，我发现在游戏过程中，每个人都很容易受到周围人反应的影响。这时，除了自己对游戏规则的理解之外，如何保持有效的选择性专注力而不受干扰，将是一项大挑战。

而且好玩的是，数到最后一个数30时，许多人会忘记前面的规则而继续拍下去。

## 秘诀

**169** **3、6、9不拍——进阶版**

进阶版的游戏规则大部分同前，仍然是从1数到30，只要数到有3、6、9的数字时，就不拍手——但双手作势要拍。

当数到有4的数字（例如4、14、24）时，4、14、24不能说出口，要改成说"啊"，但同时也要拍手，例如："1、2、3、啊、5、6、7、8、9……"

这个进阶版在团体中进行时，难度更高，你可以带着孩子试试看哟！

## 秘诀

**170** **拍手"叠罗汉"**

拍手也可以叠罗汉？没错，而且能考验孩子的听觉专注力与短期记忆力。

这项游戏适合在小团队中进行，依实际经验，人数以五至六人为一组进行较适当。游戏玩法为将每个人的拍手次数，依序累加上去。

例如：第一位拍手三下，第二位随后先拍三下，再拍自己想拍的次数，比如五下。紧接着，第三位依序复制第一位的三下、第二位的五下，同时再加上自己的次数，依此类推。

游戏中，若有人拍错，则游戏被迫中断。

## 秘诀
### 171 听完一首歌

为了提升孩子的专注力持续时间，试着让他开始尝试把一首歌曲听完。

歌曲的选择可视孩子的喜好来决定，但建议先选择他感兴趣、爱听的歌曲。

歌曲长度先以短的曲目优先，再视孩子的表现，延长聆听的时间。你可以将一首歌重复播放，或慢慢选择较长的曲目进行播放。

## 秘诀
### 172 注意！"你我他"出没！

我想许多人一定玩过不能说出"你、我、他"这三个字的游戏。嗯，游戏开始。游戏者得非常专注于自己即将说出的每一个字，要做到这一点，孩子需要相当的专注力与自我控制力。

"为什么把东西乱放在这里？"

"不是我，是弟弟。"

很抱歉，你踩到"我"这个"地雷"了。

"为什么玩具玩完了都不收拾？"

"刚刚是姐姐在玩。"

"骗谁？你还不是也有玩？"

糟糕！"你"这个"地雷"也爆了。

## 秘诀
### 173　联想

这个游戏除了锻炼孩子的听觉专注力，还会提升他的联想、反应及记忆提取能力。

例如，游戏开始后你说出第一句话："想到兔子想到什么？"孩子听到了回答："想到兔子就想到萝卜。"随后孩子马上再说："想到萝卜想到什么？"你回答："想到萝卜就想到土地。"接着你再说："想到土地想到什么？"孩子回答："想到土地就想到蚯蚓。"……依此类推，直到有人重复讲到先前的答案或接不起来时暂停。

## 秘诀
### 174　你在叫我吗？

在团体里玩个"你在叫我吗？"的提升听觉专注力的游戏吧！

玩这个游戏时的画面就像在参加课间活动时一般，一群孩子在教室里讲话或四处走动。游戏规则是仔细听，当你听见指定的人在叫自己的名字时，要马上喊"有"，但是，对于非指定的人提到自己，则必须选择性地过滤、排除。这个游戏可以提升孩子的选择性专注力。

## 问题二十六
## 如何让孩子的触觉、味觉及嗅觉更敏锐？

"妈妈，你为什么对每件衣服都要摸来摸去？手太脏，就去洗手啊！"

"嗯，你这孩子怎么乱说话，什么手太脏？让店员听到不就出丑了。我不是在擦手，我是在摸这几件衣服的材质有什么差别。"

"你问店员不就可以了？而且买衣服不就是看看，选自己喜欢的样子或颜色？"美瑄有些迟疑地问着，一只手也不经意地在眼前的衣服上摸了几下，"还不是都一样。"

"哦！不一样哟，美瑄。来，你的眼睛闭起来，手给我，你先摸摸这一件看看有什么感觉。是滑滑的、柔软的、毛茸茸的，还是粗粗的、硬硬的、凹凸不平的？再摸这一件，看看有什么不同。美瑄，你想象一下，这衣服摸起来的触感让你感觉到什么？联想到什么？同样地，如果这件衣服穿在你身上，想象一下可能会有的心情，是轻松、愉快、自在，还是烦躁、厌烦、郁闷？"

爱逛街的美瑄妈干脆来了场现场教学。

美瑄学起妈妈的模样，闭起眼，手抚摸着眼前的毛衣。"妈妈，这件毛衣摸起来很柔、很顺、很温暖！好像在摸我们家皮皮哟。我再来摸这一件看看……"

美瑄妈发现美瑄似乎对于触觉游戏有了兴趣，随后也放慢脚步，边逛街边和美瑄分享。

"其实，我们平时很依赖视觉和听觉，像触觉、味觉和嗅觉等反而都遗忘了。这些感觉平时如果很少使用，时间一久也很容易就钝掉了。"

"什么钝掉了？"美瑄纳闷地问着。

"就是感觉变得迟钝，愈来愈不敏锐。哈！就像你爸一样，不管怎么让他摸不同材质的衬衫，都摸不出个所以然来，倒是他和你爷爷打麻将时，摸牌却挺厉害的。"

## 提升五感专注力的秘诀

秘诀175　爱捣蛋的手指头

秘诀176　在手心写字

秘诀177　用触觉辨识硬币

秘诀178　摸黑上路

秘诀179　用心去感觉手上的重量

秘诀180　下雨了，快跑

秘诀181　让味觉变敏锐

秘诀182　试汤底

秘诀183　好鼻师

秘诀184　嗅花香

秘诀
**175** **爱捣蛋的手指头**

这是许多大人儿时的回忆之一。

让孩子闭上眼睛，你则任意用一根手指头，轻轻地碰触他的头顶。让孩子猜猜看，从"大拇哥""二拇弟""三中妹""四小弟"到"小妞妞"，是哪根爱捣蛋的手指头在他的头顶上调皮。这时，触觉专注力便慢慢呈现了。

秘诀
**176** **在手心写字**

让孩子伸出手，闭上眼，你在他的手心写下一组数字、一个字或一句话。

请孩子用心感受你的手指，并且仔细辨识：你写的是哪个数字、哪一个字、哪一句话？

这个游戏也可以从手心调整至手背或后背，一起和孩子来写一写、猜一猜吧！

秘诀
**177** **用触觉辨识硬币**

当你的孩子已经学会辨识一角、五角、一元等面值的硬币时，你可以开始跟他玩触觉辨识的游戏：让孩子的手在口袋中，通过触觉辨识硬币的金额。

在不能看的情况下，依你的指示，将指定要拿的硬币从口袋中直接拿出来。例如，拿一角、二元、六十元等。这样也是顺便做加法练习。

## 秘诀
### 178 摸黑上路

让孩子闭上眼睛，接着由你牵起他的手，在家里漫步。这时，你可以引导他的手去触摸家中的物品。在触觉辨识下，让孩子来猜测当下所摸到的物品是什么，例如门把手、鼠标、灯的开关、圆珠笔、橡皮筋等。

## 秘诀
### 179 用心去感觉手上的重量

让孩子闭起眼睛，用手握住一个东西，可以是一个棒球、一个瓶盖、一块石头、一团棉花或一支笔。这时，引导孩子去感受手中物品的存在或该物品的重量。请孩子练习将专注力集中在手中物品所带来的感觉上，以提升集中性专注力。

## 秘诀
### 180 下雨了，快跑

张开你的手，手心朝下，让孩子的食指轻轻指着你的手心，这时你说："一、二、三，下雨了！"同时手瞬间合起，看是否能够抓住"伞"下的手指。而孩子得在第一时间让手指迅速地逃离你的手心。

胜负输赢，就看谁的动作反应够迅速敏捷哟！

## 秘诀

**181** **让味觉变敏锐**

食物有酸、甜、苦、辣、咸、涩、腥等众多味道。美味是很主观的一件事，但和孩子一起开启每天都会有的味觉之旅，倒是一种有意思的味觉专注力练习。

细细品尝，和孩子分享口中佳肴的各种滋味。哪些食物是酸的？哪些尝起来带点苦？哪些放入口中会让你感到涩？挥别狼吞虎咽，让自己的味觉变敏锐，更好地品尝美味。

## 秘诀

**182** **试汤底**

"请先试试汤底。"这是我和家人在楼下火锅店吃火锅时，服务员常说的一句话。同时服务员会亲切地舀一勺汤，让客人试喝，看看味道是否需要调整。

这是一种使味觉变敏锐的练习。你也可以把家中的厨房当成火锅店，让孩子练习品尝一下汤底的滋味，看是否符合孩子的口味，并且也可以引导他练习说说自己想要的是何种味道。

## 秘诀

**183** **好鼻师**

让孩子闭起眼睛，启动他敏锐的嗅觉。将你准备好的水果，例如苹果、香蕉、莲雾、奇异果、葡萄、西红柿、榴梿等，一个一个接近他的鼻子。让孩子通过果香，在不能碰触而仅能以嗅觉辨识的情况下，猜出每一种水果的名称。

　　"好鼻师"游戏，让孩子嗅觉更敏锐。甚至可以调高练习难度，让孩子闭上眼，连续嗅闻三种水果，随后依序说出三种水果的名称。

## 秘诀
（184）嗅花香

　　让孩子闭起眼睛，把你准备好的不同的花，一朵一朵分别接近他的鼻子，让他仔细去嗅花所传递出的香味，让孩子通过花香及自己的嗅觉来辨识，看看猜对后他是否会心花怒放。

　　除了花香味，你也可以让孩子去嗅各种花茶的气味（孩子闻闻就好，花茶还是留给大人喝吧），就像大人在咖啡馆喜欢嗅闻咖啡的香味一样。

第八章

专注力与日常生活

# 提升日常生活专注力

如果提升孩子的专注力有什么神奇药水存在的话，那么，这个药水的名称应该是"好玩又有趣"。

专注力的提升可以从生活中出发，这点我要多强调几次。只要记住这一点，无论是训练别人的人，还是被训练的人，大家都能欢乐地去做事（千万别把专注力训练等同于拿教科书出来看，这可是会让孩子失去兴趣的）。

别忘了，有一大部分专注力是要运用在生活中的——虽然我知道许多家长其实更想让孩子把专注力运用在课业学习上，这是人之常情，可以接受。那么，现在就请试着打开记忆库想想，在这之前，自己曾在家和孩子轻松玩过什么可磨炼专注力的游戏。

我常常提醒家长，对孩子进行专注力训练，并不表示一定得去什么特定机构，或一定需要购买什么教材、添置什么设备（真的不需要如此大张旗鼓）。试着让孩子的专注力在日常生活中逐步提升。

当然，如果你的孩子有专注力缺陷的问题，需要进一步寻求相关专业人员的评估或建议，那适时地咨询、训练与追踪仍然有必要。但别忘了，在离开诊所之前，请专业人员针对你孩子的状况，提供如何在日常生活里练习专注力的建议。

专注力的练习，还是要回归到生活之中。

## 问题二十七
# 孩子专注力维持的时间很短暂，怎么办？

"你不觉得小志这孩子做事蜻蜓点水吗？每个玩具都拿出来玩，但都只玩一下。更不要说到时候玩具丢得满地都是，收拾起来又要耗半天。让我更担心的是，再这么玩下去，他会不会以后做什么事都是三分钟热度，一事无成啊！"小志妈担心地说。

"哎哟，你会不会想得太早、太过了。小志现在才几岁？还不过是个幼儿园中班的孩子，你在担心什么？五岁多而已，拜托。更何况，玩具不就是要拿来玩的吗？"小志爸有些不以为意地回应。

"玩具是要玩没错。但是你看，如果现在连一个玩具都不能玩出个模样，浅尝辄止，那以后上小学了怎么办？"小志妈说。

小志妈嗅到丈夫不以为意的气息，马上又补充说："我要强调的是，小志现在的这种玩法，会让我开始担心他的专注力可以持续的时间太短暂，一件事情都没有办法连续完成。更何况，他现在还只是在玩玩具，以后面对听、说、读、写、算，该怎么办？千万不要告诉我以后再说。"

　　"可是我说老婆啊，小志现在才中班而已呀！"小志爸又重复了刚才说的话。

　　"所以呢？我告诉你，不要说中班，其实有些孩子在小班，甚至更早的时候，连玩过家家、盖房子、叠积木都可以玩出个样子。哪像我们家小志，这个东西拆一拆，锅碗瓢盆拿出来玩一玩，拼图四个角落都还没摆好，回力车摸一摸，就倏地又换了下一个新玩意儿。你不要说我太敏感或想太多，这一点我可不接受。更何况，关于孩子的发展这件事，我可比你花更多心思在上面。现在小志还小，要调整或加强还算容易。如果等到问题让大家都看得出来，我告诉你，那时候你后悔都来不及了！"小志妈语气坚定地说着。

## 提升日常生活专注力的秘诀

秘诀185　少玩一些

秘诀186　多玩一些

秘诀187　玩出新花样

秘诀188　设定持续时间

秘诀189　成功是重要元素

秘诀190　研判合理持续时间

秘诀
**185** **少玩一些**

孩子在玩的时候，到底是把玩具一次性多给他一些，还是让他一个一个慢慢玩？

其实，在玩具数量的考量上，特别是对于学龄前幼儿来说，你可以发现当孩子有太多玩具可以选择时，他就会不断地更换玩具，导致玩每个玩具都蜻蜓点水（特别是该做完的没做完，例如拼图拼到一半）。

这时，为了提升孩子的持续性专注力，建议你在提供玩具时，试着将玩具的数量减少，以降低孩子转换玩具的频率。

例如，一次只玩一个玩具，让孩子能够一次做一件事，优先将专注力投入在一件事情上，使孩子在每个玩具上都玩得彻底、玩得久，让孩子专注力持续时间越来越长。

秘诀
**186** **多玩一些**

反过来，如果你发现孩子能够将不同玩具进行排列组合，变化出各种新玩法，这时，提供的玩具数量越多，反而越能够让孩子养成好的专注力。

秘诀
**187** **玩出新花样**

一个玩具或物品，如果能够物尽其用，你就会发现孩子对于这样东西能够玩很久，并且玩出许多新花样。

实际上，我们常发现有些孩子因为不太会玩眼前的玩具，所以索性碰一碰之后，就放弃了——这就是他喜新厌旧的关键所在。

让孩子玩吧！一起和他把眼前的玩具或物品玩得透彻、玩得精彩。能玩、会玩，孩子的持续性专注力就容易玩出来。

请记住，"玩"是需要有人教的。

### 秘诀
**(188) 设定持续时间**

在持续性专注力的练习上，可以视孩子先前的经验与表现，来给他设定每次需要保持专注的时间，例如五分钟、十分钟、十五分钟等。

帮孩子延长专注力持续时间。例如，这回玩过家家，因为"客人"较多，"生意"特别好，所以营业时间延长，从昨天玩的十分钟，拉长到今天的二十分钟。

依此类推，听故事时，让孩子先聆听五分钟的《格林童话》，再延长到十分钟、十五分钟等。或者第一次先听《白雪公主》《睡美人》，第二次再延长时间，多听一段《灰姑娘》，以充分磨炼孩子的持续性专注力。

### 秘诀
**(189) 成功是重要元素**

若想让孩子的专注力持续时间加长，成功这个元素便相当重要。

孩子做哪些事情最容易成功？请试着列出来，并让孩子动手尝试。

列不出来？那你可能对孩子不太熟悉哟！

成功，是维持孩子专注力的不二法门。成功也意味着孩子在玩游戏的过程中充满乐趣、自信、成就感及主动性。

### 秘诀
### (190) 研判合理持续时间

孩子的专注力到底该持续多久，你才能放心？

每件事情，不同孩子所需持续的专注时间不尽相同。

例如，有些孩子玩形状配对，可能三分钟不到就把各个形状归位，接着就换了其他的活动，这时，你并不能说他只有三分钟的专注力持续时间，因为毕竟他已经完成了这项活动。除非你提供更难、更复杂的内容，让他需要花费更多的时间在上面，否则，你并不能期待或要求他一次又一次地重复进行这项活动。

因此，关键在于孩子是否已经"完成"的这项事实。

这就像小学生在阅读一本关于探险的漫画书，例如《瑞典寻宝记》，有些孩子能专注于这本书一个小时，有些孩子或许半个小时就能翻完。那么，到底是阅读一个小时的学生专注力持续性好，还是只要半个小时就能读完的学生效率较佳？我想关键在于孩子阅读完之后能够理解、记忆，以及能够顺利给别人讲一讲。

另外，我最常举的一个例子是，以小学三年级为例，如果老师不故意折腾小朋友，家庭作业完成的时间，一般大约在半小时以内。这半小时就是你的参考指标。当然，前提是孩子已具备了完成作业的能力——请提醒自己，将专注力与理解等能力区分开来看。

## 问题二十八
## 如何教孩子在家轻松玩出专注力？

"熊熊妈，你知不知道哪里有训练孩子专注力的机构？"艾莎的妈妈问。

"机构？怎么说？是艾莎的专注力有问题吗？"熊熊妈反问。

"也不是有问题，我只是在想，趁艾莎现在还在上幼儿园中班，早一点训练她的专注力，进入小学以后或许能够更顺利些，未雨绸缪吧！"艾莎妈回答。

"既然艾莎的专注力没有问题，那么平时在家里练习不就可以了吗？而且我常听一些专家提到，专注力是很生活化的事，或许在家就可以进行训练了，不是吗？"熊熊妈说。

"在家训练？怎么训练？我家又没有什么仪器或设备。"艾莎妈有些怀疑。

"艾莎妈，不需要什么仪器或设备。"熊熊妈笑着说。

"那需要什么？"艾莎妈好奇地问。

"就是玩啊！或在每天的生活中，让孩子动动脑，想想也行。"熊熊妈说。

"熊熊妈，听你这么说，我还是觉得很模糊，你能不能具体地举个例子？"艾莎妈不好意思地说。

"好吧！我这么讲好了。平时你会放手让艾莎自己做什么？"熊熊妈问。

"嗯，因为她爱漂亮，平时就让她自己去袜子收纳盒里挑喜欢的袜子。"艾莎妈随口说。

"这就对了！"熊熊妈叫好。

"什么？我不太懂，不就是选袜子穿而已，这跟专注力有什么关系？"艾莎妈问。

"你这么想好了，当你洗完、晾好袜子，收下来后，可以的话，让艾莎来帮你将同一双袜子从干净衣服篮里找出来，两两摆好，就跟配对一样。"熊熊妈说。

"什么？就这样？"艾莎妈感到难以置信。

"这只是一个例子啦！你想想看，在一堆袜子里，艾莎需要先搜寻，再辨识，随后配对，这些不都是需要专注力的行为吗？"熊熊妈解释。

"啊！熊熊妈，你好专业啊，懂这么多。"艾莎妈忍不住赞叹。

"哎哟！不要这么说啦！我只是曾经在演讲中听讲师分享过。其实，要怎么让专注力落实在生活中，或许我们都可以再'头脑风暴'，想更多办法哟，艾莎妈。"熊熊妈鼓励地说。

## 提升日常生活专注力的秘诀

秘诀191　打蚊子要快、狠、准

秘诀192　对准苍蝇，发射！

秘诀193　丢纸团

秘诀194　负责垃圾分类回收

秘诀195　抢接电话

秘诀196　兑奖

秘诀197　卡拉OK逐字唱

秘诀198　跟着儿童节目学唱歌

秘诀199　模仿秀

秘诀200　照相式记忆练习

秘诀201　合适的温度

秘诀
**191　打蚊子要快、狠、准**

不要怀疑，徒手打蚊子，也是一种极需要专注的练习。

首先，你需要很敏锐地在蚊子还没叮咬你之前，耳际便觉察到蚊子嗡嗡的声音。

随后，你起床开灯，被吵醒的孩子也和你一起展开视觉搜寻，看房间里的蚊子到底停留在何处，任何的蛛丝马迹你都不会放过。

嘘，蚊子被你发现了。这时，你和孩子得屏气凝神，专注地看着墙上那只让你恨得牙痒痒的蚊子。接下来，啪的一声，胜负就在那一瞬间决定！

## 秘诀
## 192　对准苍蝇，发射！

阿姆斯特丹的史基浦机场，为了节省小便池清洁费用，而突发奇想地在每个小便池里贴上苍蝇的小贴纸。类似的图案，我想你（特别是男性）在一些公共场所的厕所小便池应该也见过。现在你应该知道用意了，不是让你嫌它脏，而是要让你对准它！

所以别怀疑，原来上厕所也可以训练专注力。或许厕所的标语如"小便向前靠，滴水不外落""你可以再靠近一点"等难以让孩子感受到画面。那就学习史基浦机场的做法，也在家中马桶贴上贴纸吧！选个孩子喜欢的图案，不是苍蝇也可以。

让孩子在上厕所的过程中，体会专注是怎么一回事。

## 秘诀
## 193　丢纸团

没错，只要细心一点，你会发现有时连要回收的纸张，都可以顺手让孩子玩起专注力的游戏。没时间、没空间、没体力到外面打篮球，那就将准备回收的纸张揉成纸团，对准回收桶，用力一掷，丢吧！没中，再投！不管投没投进，最后一定要把纸团丢进垃圾桶哟！

## 秘诀
### 194 负责垃圾分类回收

没错，垃圾分类也能提升孩子专注力。放手让孩子负责垃圾分类回收吧！有时，我们真的帮孩子做太多了（所以家庭主妇应该释放一些权限出来）。在日常生活中，让孩子通过"动手做"亲自体验，这对于孩子的成长有很直接的益处。

让孩子对于垃圾分类回收这件事不再是只有一个简单的印象，而是让他通过双手亲自将垃圾分门别类，例如将废纸、铁铝罐、塑料矿泉水瓶归为可回收垃圾。让孩子的专注力在生活中养成，仍然是不变的道理。

当然，你可以继续延伸至厨余分类，例如果核、果皮、食材外壳、残渣、鸡鸭小骨头、牛猪大骨头等。谁说这些都是家长应该做的事?

## 秘诀
### 195 抢接电话

当家里的电话铃声响起时，谁会是第一个跑去接听电话的？赋予孩子这项新任务，特别是家中有两个及以上的孩子时，开始玩起来吧！当电话铃响时，看谁先跑去接电话。每一天，孩子都需要专注地留意铃声响起，并立即做出反应。

## 秘诀
### 196 兑奖

兑奖，总是让人充满期待。就怕一不留神，遗漏了或看错了眼前彩票上的数字。

留些机会，也让孩子体验一下视觉专注与数字配对的乐趣。把彩票交给孩子帮忙兑奖吧！不放心？那你就先核对一次，双重保险哟！让孩子体会到只有维持专注，才不会遗漏财富。

### 秘诀
**197** **卡拉OK逐字唱**

让孩子欢乐唱歌，如果家中有卡拉OK，不妨让孩子随着字幕，一字一字地跟着唱。在优美歌声的陪伴下，这对孩子来说会是一次有意思的练习。纵使孩子五音不全，也不妨碍他进行专注力练习！

### 秘诀
**198** **跟着儿童节目学唱歌**

对于学龄前幼儿，跟着儿童节目学唱歌是最容易提升专注力的方式之一。

你可以从观察孩子的表现来确认他专注模仿的能力，特别是唱跟跳的部分。

### 秘诀
**199** **模仿秀**

提升孩子的专注力，可以从角色模仿练习做起。无论是对方的神韵、表情、说话语气、音调，或是举手投足等肢体动作，都是一种很有意思的专注力练习。

秘诀

**(200)　照相式记忆练习**

你也可以试着选择一张照片，让孩子进行照相式记忆练习。

首先，引导孩子想象以照相的方式，将专注力专注在眼前这张照片上。注视照片一段时间后，闭起眼睛，试着想象整张照片的内容。这时，验收的时间到啰！你可以看看孩子还可以记住及说出多少内容。

这一点，有些泛孤独症（孤独症谱系障碍Autism Spectrum Disorder；ASD）孩子，所具备的强大照相式记忆，甚至过目不忘的能力，应该会使你瞠目结舌。

秘诀

**(201)　合适的温度**

有时可以发现，当下的温度变化，也会不知不觉地影响到孩子的专注力表现。

天气太闷热，孩子汗流浃背、头昏脑涨，这时生理上的不适，往往也会干扰孩子的阅读或书写。天气寒冷，孩子手脚冰冷，猛打寒战，此时，孩子所有的专注力都将转到对抗温度的变化上。请适时留意当下的温度变化对于孩子专注力的影响，当然，空调、电扇、电暖器都要随时待命。

## 问题二十九
## 如何让孩子借由购物、
## 逛夜市来提升专注力？

　　停车场的栅栏打开，银色汽车驶入停车场。"小昕、小玥，开始帮爸爸仔细留意哪边有停车位。"爸爸说。

　　"爸爸，你的手机给我，我来帮你拍'768'。"小昕抢先了一步，拿起手机拍下停车位号码。

　　"哥哥，你还要拍墙上的'B4F D05'，粉红色的牌子！"小玥露出一副得意的样子。

　　这已经是小昕、小玥家的好习惯了。放手让兄妹俩共同参与到家庭事务中来，使他们的经验和印象更深刻。这一点夫妻俩倒是想法挺一致的，而且也都落实在每天的生活中。

　　"爸爸，我来推车。"这回又是小昕拿到推车。

　　"妈妈，你要买富士苹果吗？三个95新台币！"小玥指着手上的家乐福商品指南说："还有抗菌浓缩洗衣液，一瓶49新台币！"

　　"妈妈，这个卫生纸一袋十二包，一袋105新台币，要吗？超强劲！"小昕补充着。

　　对于孩子来说，这张商品指南就像是寻宝图一样。逛大卖场的乐趣，不输去喧闹的游乐园。

"爱大家"，有一回，妈妈在演讲中听见这三个字，一时还无法回过神来。待老师一说明是"爱买、大润发、家乐福"，便会心地笑了出来，并点头如捣蒜般地认同，大卖场真的是训练孩子专注力的好地方。

当然，生活中处处都可以训练孩子的专注力，因此一家四口都爱往外跑。

"一举数得啊！你看，可以逛街、吃饭，又可以训练孩子的专注力。"妈妈一边看着菜单，一边对爸爸说。一旁的小昕、小玥正等着练习点菜。

"以前总是帮孩子做得太多，结果他们总觉得是理所当然。除了让孩子生活依赖性强、态度懒散外，当然也让自己常闷一肚子气。现在让孩子凡事自己动手来，虽然一开始兄妹俩也是口中嘀嘀咕咕的，但一回生，二回熟，三回就抢着做。做了，就都是他们自己的。"想到这里，妈妈心里觉得挺有成就感的。

"爸爸，手机给我，我来扫付款码。"这回换小玥抢得一分。

**提升日常生活专注力的秘诀**

秘诀202　购物任务

秘诀203　挑选水果

秘诀204　购物比价

秘诀205　快速找到制造日期

秘诀206　商品大搜索

秘诀207　核对票据金额

秘诀208　记账

秘诀209　数钱

秘诀210　购物路线规划

秘诀211　菜单点餐

秘诀212　逛夜市，寻找美食

秘诀213　捞鱼

秘诀214　只爱"黑姑娘"

秘诀215　套圈圈

秘诀216　套圈圈之家庭版

秘诀217　找车任务

## 秘诀

## 202　购物任务

运用大卖场作为专注力训练的场所，一直是我向父母强调的一件事。无论在哪一家大卖场，你都可以开启孩子的专注购物之旅。

在进场前先交代给孩子你准备买的物品的清单，可以视孩子的专注力及记忆力的程度，来决定买多少东西。

留意当你下达购买指令后，孩子是否能够专注地完成该任务，运用有效的选择性专注力，不至于受到卖场不相关的刺激干扰（例如玩具区），而有所遗漏或买错。

### 秘诀
**(203)  挑选水果**

我常提到，专注力训练可以说是"举手之劳"，在这件事情上，我们大人真的得多放手及引导孩子们体验日常生活。以挑选水果为例，你可以先示范并告知孩子挑选各种水果的原则。

像在猕猴桃的挑选上，可以向孩子强调：先检查果皮有无受伤，握在手中是否感觉不太软也不太硬，表面绒毛是否整齐、是否散发光泽，当然，太软的就不要挑哟！

孩子每一次碰触水果，都是一次专注力经验的实际累积。

视你自己与孩子的喜好，想想小西红柿如何挑，苹果如何选，香蕉如何买。无论是闻、摸或看，都是切切实实的体验。

此外，有试吃的机会最好，别放过。

### 秘诀
**(204)  购物比价**

注意让孩子学习在日常生活的购物中，练习比价钱。哪个东西便宜？哪个东西贵？钱带得够不够？至少得先学会看价钱。

不是每个孩子都会看价钱的！这个小小的动作，却是视觉搜寻这个重要能力的体现。

秘诀
**205** **快速找到制造日期**

让孩子知道货架上有哪些货品，如饮料、牛奶、饼干、糖果或面包等这些货品的包装上有许多的文字和数字，在这当中，他必须学习如何去快速找到关键字，例如辨识制造日期及保质期。

让孩子知道，专注力是如何与自己的切身经验有关的。同时，请提醒孩子，最新鲜的牛奶及面包总是排在最后面，等待你青睐。（孩子可能会好奇：为什么新鲜的不摆在最前面呢？嗯，这一点你就要问店长啰！）

秘诀
**206** **商品大搜索**

和孩子到大卖场一起玩个"商品大搜寻"的游戏吧！一手推着购物车，一手拿着购物商品指南，开始启动专注力练习。让孩子将你用红笔圈出的物品，在货架上一个一个寻找出来，再放入推车里。

感恩大卖场提供的优质专注力训练环境。

秘诀
**207** **核对票据金额**

购物结束之后，请将核对购物收据内容这件事交给孩子，让他对购买的物品及金额，一一进行核对与确认。

无论如何，放手仍然是王道。若不放心，你还可以进行再次确认。

秘诀
**208** **记账**

让孩子学会记账，至少把今天出门所花的买菜钱，用计算器或所学的加减练习算清楚，随时帮你追踪钱财的流向。

对孩子自己的零用钱花费来说，记账也是一项好习惯！

秘诀
**209** **数钱**

没错，从小通过"钱"来提升孩子的专注力，也是一种很实际的方法。

数钱时，让孩子先学习辨识十元、五十元、一百元的纸钞，一角、五角、一元的硬币。接着让孩子练习清点眼前的纸钞与硬币的金额，数完后，写下金额；然后再数一次，进行核对。

在清点的过程中，孩子的专注力也就一次又一次地得到训练了。

钱不是万能的，但数错钱可是万万不能的。

秘诀
**210** **购物路线规划**

和孩子到大卖场玩一场"购物路线规划"的游戏吧！

首先，确认五样（数量可以自行调整）要购买的东西。接着让孩子开始思考如何规划路线，才可以用最快速度将这五样东西放到购物推车里。

在此不是要强调孩子要跑得很快，毕竟还是要优雅地逛大卖场。

而是要让孩子先学会辨识这五样东西的属性，以及这些东西可能各自摆放在哪些架子或柜子上。如果需要询问工作人员时，要在哪一个地方询问，才不至于让自己跑了重复的路线。

这个游戏，需要孩子具备计划、组织与执行能力。

## 秘诀
**211　菜单点餐**

生活中，处处是专注力练习的机会，就看你是否能放手（贴心地多强调几次）。

有机会带孩子去餐厅吃饭时，面对菜单，请把点餐的工作交给孩子，可以你说、他写。

去快餐店（麦当劳、肯德基等都行）时，也多放手让孩子去柜台点餐。

一次一次的实战经验，除了会不断增强孩子专注力外，同时还会使孩子增强自己有能力的感觉，觉得"我也能做得到"。这可不是爸妈太懒，而是用心良苦！

## 秘诀
**212　逛夜市，寻找美食**

逛夜市？没错，专注力就是要回归到生活的乐趣上。想要享受美食，视觉专注力就得派上用场。

想象自己走进了夜市，和孩子一起进行"找摊位"的练习，把这个任务交给他。例如，快速搜寻水煎包在哪里、烤串在何处，把你想要找的美食一一点出。

选个时间，朝着离你家最近的夜市前进吧！提醒你，若想好好地、优雅地逛，请选择人少的时间前往。

## 秘诀

**(213)　捞鱼**

捞鱼，是孩子逛夜市的最爱之一。（什么？你的孩子没逛过夜市？！）无论网子是什么样的，重点在于孩子端坐在小板凳上，拿起渔网，眼神开始注视、扫描、追视着池中时而悠游时而紧张的鱼儿（鱼儿会紧张，还不是被你的孩子吓到的）。

这个练习的重点不在于孩子是否捞起了鱼，而在于训练了孩子的专注力。

要提醒你的是，当鱼儿被捞起，放到红色小盆子里之后，和鱼儿打个招呼就好，请孩子再轻轻地把鱼儿放回水里去。别忘了，这些鱼儿可是孩子专注力训练的"助教"。

## 秘诀

**(214)　只爱"黑姑娘"**

让捞鱼训练多一点小小的乐趣：向孩子指定他所要捞起的鱼，例如只捞"黑姑娘"金鱼。让孩子在练习视觉动态追视的同时，练习视觉区辨能力。

但请引导孩子爱护小小的鱼儿，在捞鱼的时候动作要温柔一点，捞到后再轻轻地将鱼儿放入小盆子里，请勿让它受伤哟！

秘诀

**215** **套圈圈**

套圈圈，是孩子逛夜市喜爱的活动之一。如同投篮一般，让孩子在线的这一端，试着注视着前方自己所选定的目标物。

切记，请勿乱丢一通，否则手里的圈圈很快就投完了（这么任性，老板可是最开心的啊）。

要想套中物品，除了专注力外，还与孩子的手眼协调、抛掷的力道与角度等有关。或许，其中也存在着一丝丝的运气。

秘诀

**216** **套圈圈之家庭版**

好吧，没时间逛夜市？也没关系，那就把场景拉回到自己家里吧！

你来当老板，把家中的玩偶、娃娃或小玩具铺满地，再拿出自制的大小适中的细铁环当套圈。成本够低吧！让孩子专注于目标后，将铁环向前一抛，只要最后铁环能够落在玩偶、娃娃的身上就可以。

秘诀

**217** **找车任务**

你多少也有类似的经验，在百货公司或卖场的偌大停车场中，苦寻你的爱车。

请把这个任务交给孩子吧！

以后停好车时，让孩子负责记住你的停车位置。无论是用脑袋瓜做存储器还是写在小纸条上，或拿出手机拍下停车位号码都可以，只要他能够顺利完成找车的任务就行。

第九章

专注力与休闲娱乐

# 提升休闲娱乐专注力

让我们继续"玩"下去，通过休闲娱乐玩出专注力。请相信，带着"玩"的愉悦心情，可以让专注力愈练愈有力。

对我来说，只要时间允许，无论孩子提出什么出去玩的建议，如去海边、湖边、河边这些地方骑自行车、喂鱼喂鸭、溜滑梯，我通常都会同意。

说真的，"离家出走"，四处玩耍，往往也是我这做家长的主动提出的。

我一直觉得大自然真的是培养孩子专注力的大教室，一处没有围墙，很容易让人打开五感开关的地方，让玩无所不在，也让专注力无所不在。试着以大自然这无限宽的荧屏，来取代窝在家里的手机小荧屏，或各种尺寸的电视荧屏（当然，如果善用这些数码产品，专注力也能得到锻炼）。

提升专注力，动静皆宜。根据你孩子的年龄、需求、兴趣，投其所好。无论是体能、球类、舞蹈等动态活动，或是展现聪颖程度的动脑游戏，都很好。

和孩子共同参与吧！除了可以让亲子关系更密切，对孩子的身心特质也能了解更多，还可以彼此磨炼专注力。没有人说家长的专注力就一定比孩子好！

## 问题三十
# 如何通过休闲娱乐活动强化专注力？

"唉！小甄这孩子到底是怎么搞的，老是一问三不知，总是一个标准答案'不知道'。我看她对于身旁许多事物好像都漠不关心，成天只是吵着好无聊、好无聊，真有那么无聊吗？"小甄妈反复拨弄着额头上的头发，疑惑地问丈夫，"难道是常窝在学校、家里和托管班，生活经验太少了吗？"

小甄爸边盯着手机边回答："现在的小孩不都是这么过的吗？有什么不好？"

"不是好不好的问题，而是我担心小甄的学习态度。先不谈学业表现，你看，在生活中，她都一副兴趣缺乏、漠不关心，又缺乏活力的样子，像个老灵魂住在小孩子的躯壳里。再这样下去，真的不行！"小甄妈说。

小甄爸不为所动，眼神仍然被手机屏幕上的信息吸引着。

"我看你，如果没有手机，大概也活不下去了。"小甄妈对于丈夫的反应有些抱怨，"你不是常在看微信朋友圈吗？你没看到人家总是会带着孩子东玩西跑的，分享了许多游玩的照片。草原、湿地、海边，我想这些地方，小甄应该都会爱去的。我说小甄爸，什么时候换你带我们母女俩出去玩耍玩耍？"

丈夫仍然没反应，小甄妈继续说："而且我告诉你，我的那群姐妹曾经在一场'如何提升孩子的专注力'的演讲中，听老师说过专注力是很生活化的，有许多专注力可以很自然地通过休闲娱乐来培养和建立。"

见丈夫还是仿佛没听见，小甄妈不悦地说："我可不想小甄长大之后，像你一样只盯着手机瞧，一点生活品位与乐趣都没有。如果你懒得出门，也行，那我和小甄就坐出租车四处逛，总比像你这样老是窝在家里好。"

### 提升休闲娱乐专注力的秘诀

秘诀218　走出家门——启动五感专注力

秘诀219　大海与沙

秘诀220　镜头下的美好

秘诀221　主题拍

秘诀222　随意拍

秘诀223　一镜到底

秘诀224　看云的乐趣

秘诀225　赏鸟与青蛙调查

秘诀226　凝视水珠

秘诀227　白鹭鸶觅食

秘诀228　缓慢的身影

秘诀229　采草莓

秘诀230　俊男和美女

秘诀231　地铁转乘——最省时的路线

秘诀232　领队先生／小姐

秘诀233　注意"反方向"

秘诀234　时刻表达人

## 秘诀
### 218　走出家门——启动五感专注力

启动"五感"（视觉、听觉、触觉、嗅觉和味觉）来训练专注力，是我一直鼓励家长和孩子共同经营与体验的一件事。走出家门，多带孩子接触大自然，孩子的五感就很容易在这个氛围中启动，同时，也容易加深孩子对于周围事物的观察与了解。

没时间？时间如何运用，其实是一种选择，就看你如何看待眼前的事物及其优先级了。

## 秘诀

**219** **大海与沙**

当你与孩子到海边玩沙、踏浪，孩子可以见到一波波的浪花，可以听见浪花的声音，触摸到海水与沙的质感，可以嗅到风与海水相伴的味道，当然偶尔也能浅尝海水的咸味（你会发现各地的海味都不尽相同）。

这时，孩子就可以练习以不同的感官作为媒介，认识海与沙。

在海边，和孩子分享关于海的人、事、物，是最有感觉的，就像在海边听张雨生的《大海》一样。

## 秘诀

**220** **镜头下的美好**

"如果你的孩子已经三岁以上，请把相机交给你的孩子吧！"这是我在演讲时常说的一句话。若你担心相机会被摔坏，那就把相机带挂在孩子的脖子上吧。

用手机拍照也是同样的道理，你可以帮小孩扶住手机。

透过镜头，让孩子学习"聚焦"（集中性专注力），有助于让他对周围事物的反应更敏锐一些。同时，我们也可以注意到孩子所关注的世界是什么模样的——有照片为证。

## 秘诀

**221** **主题拍**

让孩子练习一次"主题拍"。

主题可以由你和孩子讨论来确定，任何你想到的都可以拍。拍花、拍树、拍天空、拍表情、拍路上的车子、拍招牌、拍猫狗或拍建筑等都行。

通过主题，让孩子学习寻找焦点，以及从不同的角度看事物。

## 秘诀
### 222　随意拍

来场"随意拍"，让孩子想拍什么就拍什么。

授权孩子可以任意按下快门，你将好奇他会拍下什么样的影像。

和孩子讨论他所拍的照片，听听他的想法、说明与介绍。只要他愿意说、能够说，和周围的事物就更接近了一些。

让孩子与周围的事物建立关系，有了关系、有了意义、有了感情，孩子的专注力将会更敏锐。

## 秘诀
### 223　一镜到底

把相机或手机设定到录像模式，和孩子约定所要拍摄的内容，并选定目标物，规避闲杂事物。

跟孩子一起进行"一镜到底"的游戏，例如，拍摄火车经过、海湾拍浪、田野风光、摩天轮旋转。

一镜到底，让孩子专注力的集中与持续加足马力。

## 秘诀
**224** **看云的乐趣**

"你多久没有抬头看天空了？"这是我常常在演讲中问现场听众的一个问题。

其实，天空一直都在那里，就看你要不要抬头看。看云，是我和孩子最自然、最随性也最经济的乐趣之一。

试着也和你的孩子来玩玩"云，像什么？"这场视觉专注、想象与辨识的练习。

无论孩子的形容是"啊！鲸鱼在天空""嗯，软绵绵、甜丝丝的棉花糖"，还是"哈，好像一辆汽车呢"。只要培养孩子注意大自然的习惯就好，云，只是一个开端。

## 秘诀
**225** **赏鸟与青蛙调查**

专注力有障碍的孩子，总是容易大而化之。鸟，不都长得一模一样吗？蛙，不都是那副德行，有什么好观赏的？哦！当然不是这样。

试着启动孩子对于大自然的关注，可以带孩子到自然公园观赏各种鸟类。或有朋友喜欢到野外进行青蛙调查。

当然，赏鸟与青蛙调查都只是例子，你也可以找到属于自己与孩子的乐趣，赏花、观星都行。通过对大自然中各种事物的区辨，让孩子的专注力更加敏锐。

## 秘诀

**226 凝视水珠**

大自然里，有许多事物可以让孩子进行"细微观察"的练习，像是叶子上的露珠或车窗上的水珠。

试着让孩子静静地观察水珠。专注，有时就是那么纯粹的练习。如果你愿意停留下来，仔细观看这些纯粹的事物，生活也会更有乐趣。同时你会发现，当下的心情是很平静的。

## 秘诀

**227 白鹭鸶觅食**

在我家附近，很幸运地常有机会望见成群的白鹭鸶，尾随在田里的拖拉机后觅食。白鹭鸶觅食、漫步、跳跃、飞翔的乐趣美妙之姿，总是让人流连忘返，当然我也会自然地用镜头捕捉这些生活中的美好。

白鹭鸶什么时候来？让孩子知道农夫整地、耕作、种植等时间，告诉他们白鹭鸶总是爱在这些时刻成群觅食。清楚了基本概念及背景知识，对于孩子理解生活、专注生活会更有助力。

## 秘诀

**228 缓慢的身影**

对于心浮气躁的孩子，注视舒缓的画面，除了能修身养性、稳定情绪外，也是一种集中性专注力的训练。一起和孩子欣赏乌龟、蜗牛、蚯蚓、甲虫或蛞蝓慢慢地动吧，尽管有人会很想帮它们加速。

什么？在你的生活中看不到这些？没关系，那就上网到视频网站上搜索"慢动作"吧，会有很多的画面让你参考。

同时，引导孩子将所见的画面，例如将乌龟、蜗牛、蚯蚓、甲虫或蛞蝓等动物爬行的身影，设定成舒缓视频在脑海里播放。当然，如果"频道"较多，孩子的生活经验与见识相对也会增长。

## 秘诀
**229** **采草莓**

你采摘过草莓吗？要采到又甜又美的草莓，可是需要十足的专注力。拿起剪刀，准备出发（什么？徒手摘？千万不要，这可会影响它的后续生长）。

大草莓总是躲在绿叶底下。轻轻拨开绿叶，草莓公主会对你微笑。开启专注力，好好挑选草莓——外表色泽红润，不沾泥杂物，果实外表颗粒是立起来的，蒂头深绿色。嗯，选它，这就对啰！

想多来点维生素C吗？想更好地集中专注力吗？去采草莓吧！但请记得，只要采草莓，不要踩草莓。

## 秘诀
**230** **俊男和美女**

和孩子讨论："为什么人们遇见俊男和美女时，总是能够专注地看很久？"

让孩子了解，有时在赏心悦目的人、事、物之中，存在着吸引人们注意的关键元素，例如浓眉、双眼皮、高挺的鼻子、丰厚的双唇等细节特征，能让自己看了之后产生愉悦的心情。

秘诀

**231** **地铁转乘——最省时的路线**

搭着地铁去游玩，和孩子玩一场"地铁转乘"的专注力游戏。选好目的地和终点站，规划不同的地铁转乘路线，看看哪条路线最省时吧。

一回生、二回熟，多玩个几次，让孩子化身为地铁乘坐专家，清楚地告诉你最快的转乘路线。但请记得要上下车哟!

秘诀

**232** **领队先生／小姐**

平时和孩子散步、游公园、遛大街和逛百货公司时，在安全的范围内，试着让孩子如同领队一样走在前面，带领你到你们要去的那个地方（特别是学龄前幼儿，他们会感兴趣的，只要他们不东跑西撞）。

让孩子在前面开路，带着好奇、专注踏出每一步，将踏出一条逐渐成熟与自信的独立大道。

秘诀

**233** **注意"反方向"**

让孩子平时多练习观察与自己方向相反的事物。

以我自己长期开车行驶于高速公路的经验来说，在开车的同时，我也会特别留意对向车道的车流量。如果发现对向车道堵塞的话，下回自己就会错开这个时段。

和孩子分享你的生活所见与经验，告诉他生活中处处可注意。

## 秘诀
**234** **时刻表达人**

"帮忙看一下，这个影院最近一场的电影几点开始？"一个小小的提问，孩子就得先练习查看现在的时间，随后仔细去研究电影时刻表。

在这里，看电影是一个例子。借此提醒自己多放手，让孩子练习查看时刻表，例如火车时刻表、电影时刻表，或任何表演节目的时刻表等。

提升孩子的视觉搜寻专注力，时刻表搜寻达人非他莫属。

## 问题三十一
## 如何运用体能活动提升专注力？

"健仲，你真的很莽撞啊！急什么急？真是粗心大意，倒个水也会摔碎杯子。早知道我就自己来，真是没事找事做。"健仲妈一边拿着扫把清理地上的玻璃碎片，一边埋怨着杵在一旁的健仲。

与同龄的同学相较，念小学三年级的健仲身材壮硕。绰号"蛮牛"的他，平时状况百出，其中最常被妈妈唠叨的往往和他的动作控制有关。

"不是我爱说你，小心一点嘛！明知道自己的动作平衡、手眼协调不是那么好，就应该多注意。你看，好不容易凑满一组的'愤怒的小鸟'杯子，就这样被你摔得家庭破碎。"听到"家庭破碎"四个字，原先神经紧绷站在一旁的健仲弯下腰笑了起来。

"你还笑？还不来帮忙，只顾着笑。"健仲妈吆喝着健仲动手帮忙，"你真是该多运动，除了让自己的身体好一点，动作协调敏捷一点外，脑袋瓜也会因为运动而灵光一些。"

"我在运动啊！"健仲说。

"运动？骗谁？上网打怪兽叫运动？"健仲妈反驳道。

　　"我在练手感，那也是一种运动啊！""蛮牛"停下清理玻璃碎片的动作，正经八百地向妈妈强调着。

　　"你还在给我耍嘴皮子？练手感……打怪兽能当饭吃吗！"健仲妈大声地说。

　　"好大声！"健仲大叫。

　　"大声才会让你有感觉。快扫！"健仲妈催促着。

　　健仲妈一直在想，平时家里有没有一些活动可以让孩子动一动，至少对于他的动作协调能力及专注力的提升有帮助。

　　"看新闻，学骑独轮车有用处，但这对壮硕的健仲来说太具挑战性，算了。轮滑？嗯，这似乎也不错，只是要多买一双鞋子，就怕他三分钟热度。"健仲妈继续苦思着。

　　"其实，如果健仲愿意在球场上动一动，除了减肥瘦身，这些球类活动还可以训练他的专注力，篮球、足球、羽毛球或乒乓球都行。"健仲妈突然觉得，只要愿意动手开始做，生活里的专注力训练其实俯拾皆是。

## 提升休闲娱乐专注力的秘诀

秘诀235　投篮

秘诀236　射门比赛

秘诀237　九宫格投球

秘诀238　乒乓球比赛

秘诀239　攀岩

秘诀240　骑独轮车

秘诀241　转换动作

秘诀242　跳竹竿舞

秘诀243　舞动人生

## 秘诀
### (235) 投篮

你不会是迈克尔·乔丹，也不会是科比·布莱恩特，当然也不会是林书豪。但是，你可以和孩子拿起篮球，注视着篮筐，感觉篮球在手指指尖的触感，控制方向，准备出手，投篮（唰！得分）。

当然，你想要表演灌篮、转身跳投、罚球或三分线外投篮也都行。

## 秘诀
### (236) 射门比赛

在足球场上，和孩子来一场射门比赛。把球放在点球点上，孩子注视着球门，屏住气息，准备提脚射门。而你，可以扮演守门员站在球门前。

无论球是否踢进，当孩子认真地注视着球门的一刹那，专注力的聚焦便发生了。

## 秘诀
### ❷❸❼ 九宫格投球

在夜市，你多少看过九宫格投球的游戏吧。没错，专注力的培养也暗藏在此。

握住球，感觉球在自己的手心。轻轻转动你的手腕，注视着前方九宫格的数字，屏住气息，准备来个上投、下投、侧投。在你抬起左脚、用力扭腰、臀部上拉、手臂一挥的一刹那——专注的练习就在这里！

没有九宫格？那么就找个人和你对投。无论投的是快速球、慢速球还是变化球，请来个好球吧！

## 秘诀
### ❷❸❽ 乒乓球比赛

和孩子来一场乒乓球友谊赛吧！想要打好乒乓球，孩子需要具备极佳的集中性专注力、视觉判断力、反应力、手眼协调能力及稳定的情绪，这几点缺一不可。

来个正拍、反拍或下旋球、削球、切球、反拉或封挡，每回桌上的乒乒乓乓，都在磨炼着孩子的专注力。

## 秘诀

### ㉒㊉ 攀岩

攀岩是一种非常需要专注力的体能活动，如果稍有闪失，便一失足成……

我在学生时代，曾参与登山社社团活动。野外攀岩时，在确保安全的情况下，通过抓、踩天然岩壁的把手点或踏足点，才能逐步攀升。

当然，你可以选择安全的室内人工岩场，让孩子体会专注到底是怎么一回事。

## 秘诀

### 240 骑独轮车

独轮车不只是马戏团的专利。在一些校园与机构里，已经开始有小朋友练习骑独轮车了。

我不会骑独轮车，却非常欣赏与钦佩能够骑独轮车的大、小朋友。独轮车要能够骑得平稳、顺畅，需要经过一段时间的反复练习。而在轮子不断转动的过程中，孩子的集中性专注力、选择性专注力和持续性专注力也就不断地加强了。

独轮不行的话，多个一轮、两轮或辅助轮也可以，例如自行车，或是三轮车都行。

专注是无所不在的，只要你愿意开始踩动脚踏板。

## 秘诀
### (241) 转换动作

回想一下，你在小时候是否玩过类似这种的反应游戏：喊一站起来，喊二坐着，喊三跳起来，喊四拍手，喊五转圈。

在游戏过程中，孩子必须先专注地记住上述每个数字所代表的动作，随后并依指示变换动作。数字转换愈快，孩子所面对的挑战也愈大。

## 秘诀
### (242) 跳竹竿舞

在跳竹竿舞时，你是否能在竹竿分合的瞬间，轻盈地跳跃出优雅曼妙的舞姿？还是说你的左脚或右脚总是来不及反应而被竹竿夹到？

竹竿舞考验着跳舞者对于规律节奏的反应，在这当中，跳舞的孩子，需要有极佳的专注力与敏捷的动作。

## 秘诀
### (243) 舞动人生

让孩子通过舞蹈模仿，好好发挥视觉、听觉专注力及动作协调等能力，在奔放、热情、动感的舞蹈中，不知不觉地跳出专注力。

## 问题三十二
## 如何利用动脑游戏磨炼专注力?

"小元、小海,过来,老爸教你们一个好玩的游戏。"老爸拿着一副扑克牌呼唤两个儿子。

两兄弟好奇地围着爸爸,看着他神情专注地洗牌。

"啪、啪、啪,啪、啪、啪",爸爸洗牌的专业模样真是羡煞了小元、小海兄弟俩。更令他们讶异的是,这回老爸竟然主动教他们玩起扑克牌来。

"小海,你帮忙把一下风,免得待会被妈妈看见,我们父子三人就完蛋了。"小元略带正经地告诉弟弟。

"是,长官!"小海突然站起来,举起右手敬礼,随后转身朝向客厅的方向,留意他们是否被妈妈瞧见。

"你们两个在干吗?专心一点,什么完蛋不完蛋的,我可是很认真地要教你们……"老爸说。

"打牌!"小元与小海异口同声地大喊。

"什么打牌不打牌的,谁在打牌?"妈妈被"打牌"两个字吸引,疑惑地走了过来。只见小元与小海兄弟俩大张着嘴,神情紧张,同时将手指向正在发牌的爸爸。

"老公,你在干吗?打牌?好的不教,净教些坏的。"妈妈不以为然地数落着。

"亲爱的老婆，你误会大了。"老爸喊冤。

"什么误会大了，你以为我没看见？不叫他们两兄弟去读书，你这个做爸爸的竟然教起他们打牌来。这是哪门子身教？"妈妈开骂了。

"哎哟！亲爱的老婆，你的反应别那么大，更何况你都还没弄清楚我到底要教他们做什么。"

"做什么？打牌就打牌，你以为我看不出来？"妈妈双手叉腰，义正词严地说着。

"我的老婆大人，其实我是想训练他们的专注力。"爸爸试着澄清。

## 提升休闲娱乐专注力的秘诀

秘诀244　猜数字

秘诀245　玩数独

秘诀246　下棋——"黑子与白子"

秘诀247　桌游——"画物语"

秘诀248　扑克牌——"分类游戏"

秘诀249　扑克牌——"配对记忆游戏"

秘诀250　扑克牌——"心脏病"

秘诀251　神奇扑克——"摸鼻子篇"（基本版）

秘诀252　神奇扑克——"摸鼻子篇"（变形版）

秘诀253　魔术表演

## 秘诀
**244** **猜数字**

回想一下，儿时的你是否曾玩过这样的游戏——猜数字。

游戏规则很简单，先设定一组三位数字（当然也可以向难度高的四位数挑战），数字1到9不重复（例如，没有277、333等）。让孩子猜测你所设定的这一组数字。如果猜得数字对、位置对，则为A；如果数字对、位置错，则给B。

例如，你所设定的数字为165，当孩子第一次回答269时，6的数字对、位置也对，所以给孩子1个A；若孩子回答176，1的数字对、位置也对，但6的数字对、位置错，此时给孩子1个A、1个B。依此类推，看看在猜测的过程中，孩子能否很快地猜对你所设定的数字。

除了得随时集中精神、保持专注，孩子的逻辑推理能力这时也得派上用场。

## 秘诀
**245** **玩数独**

你可能常常在报纸或杂志的一角，发现数独这个逻辑推理的数字游戏。通常每道数独题目，是一个大正方形分成九个小正方形，每个小正方形里又各有九个小格。因此，你的眼前总共会有八十一个小格。

每一张数独，纸上的一些空格里都已经填了一些数字。游戏规则是从左到右、由上到下，每行、每列、每个宫格里的数字1到9都不能重复，而你需要把它填满。

练习数独，因为要推理的数字较多，所以孩子除了必备基本的逻辑推理能力外，专注力也是必需的。因此，如果孩子想要顺利解题，在解题过程中的专注力及逻辑推理能力，正如同摩托车的前后轮，缺一不可。

秘诀

## ② ⑥ 下棋——"黑子与白子"

下各种类型的棋，都是训练孩子专注力的好方法。重要的是，你得和孩子走出手上的第一枚棋子。

以围棋为例，在黑子与白子之间，如何落子并无悔，不妨让孩子去体验与感受小棋王般的专注与冷静。输赢还在其次，重在过程。

秘诀

## ② ④ ⑦ 桌游——"画物语"

"画物语"（Dixit）是一套相当受欢迎的桌游，这是一种可以一群人同时进行的欢乐与斗智的游戏。游戏配件包括八十四张牌、一张嵌于盒内的计分板、六只木制兔子、三十六个投票标记物，以及一份游戏规则。

游戏中，你必须对于玩家所说出的一段话、一个字、一个词或一首诗发挥想象力，并专注地判断他所指的是眼前哪一张图片。随后，玩家公布答案，并发挥表达力，解释如此说的理由。

"画物语"只是桌游的一个例子。你可以仔细研究有哪些有趣、好玩又有意思的桌游，可以将其作为训练孩子专注力的道具哟！

## 秘诀

**248** 扑克牌——"分类游戏"

分类是扑克牌最基本的专注力玩法之一，适合学龄前及小学低年级的孩子。

规则相当简单：将所有的牌打散，集中洗牌后，再让孩子练习将扑克牌，依黑桃、红桃、方块、梅花四种花色，进行分类。

## 秘诀

**249** 扑克牌——"配对记忆游戏"

扑克配对，视孩子的能力来选定欲配对的组合数，或者干脆五十二张牌全盖住。

游戏过程中，需要孩子的视觉专注能力与空间记忆能力合作参与。

两两翻牌，如果两张数字相同，太好了！就可以拿出去，再翻下一组。

如两张牌数字不一样则再翻过去仍然放回原位，换下一位翻牌。比赛直到所有的扑克牌被配对成功才结束。

## 秘诀

**250** 扑克牌——"心脏病"

将扑克牌平均分配，记住，每个人都不能看牌的内容。随后，依序唱数（1、2、3、4、5、6……），并将手中的一张牌打出。所有的人需注意所唱的数（例如7）与所打出的牌数字是否一样（也是7）。如果是，则所有的人都得迅速将手压在牌上，反应速度最慢的人（也就是最后才把手放上去的人）算输。

秘诀

**251** **神奇扑克——"摸鼻子篇"（基本版）**

好好利用扑克牌。如果善用扑克牌，你会发现牌里藏着许多训练孩子专注力的元素。在这里分享一种"摸鼻子游戏"。这个活动适合4—6位小朋友一起进行。

活动规则如下：每位小朋友均分4张牌，例如4个人就准备16张牌（比如2222333344445555），洗牌后，每个人均分4张牌。6人就是24张牌（例如222233334444555566667777），一样在洗牌后，每个人手上分4张牌。

游戏过程中，当发现自己手上的扑克牌数字不一样时（例如3、3、4、2），须进行换牌（例如将手中的2或4盖住送出，和他人交换）。若当其中一位小朋友，手上扑克牌的数字换成四张都一样时（例如3、3、3、3），此时须立即做出"摸鼻子"的动作——用扑克牌盖住鼻子。

小朋友在换牌的过程中，需留意是否已经有人做出摸鼻子的动作，如果有，则无论自己手中扑克牌的数字如何，皆需同样跟着摸鼻子。最后才做出摸鼻子动作的小朋友算输。

秘诀

**252** **神奇扑克——"摸鼻子篇"（变形版）**

在此分享另一种变形版的"摸鼻子游戏"。

在上述规则中，当小朋友手上扑克牌的数字换成四张都一样时（例如3、3、3、3），需立即做出摸鼻子的动作——用扑克牌盖住鼻子。

在变形版中，可以改变游戏规则，例如，将摸鼻子改成将脸颊鼓起来、眨眼睛、嘟起嘴巴、傻笑、放声大哭或扮鬼脸等，任何你能想象到的变形方式都可以。

同样地，最后做出动作的小朋友就算输。

**秘诀**

(253) **魔术表演**

魔术，总是令人惊奇并发出赞叹声。当你想在舞台上展现魔术魅力时，如何不让台下的观众发现你的魔术破绽，这真的需要花费一番工夫。

来个家庭式的魔术表演吧！和孩子一起来练个一招半式，看谁不会露出破绽，又看谁能够专注予以破解。

去哪里学魔术？上视频网站输入"扑克牌魔术教学"，好好学习吧!

## 问题三十三
# 如何通过锻炼身体平衡感与协调性增强专注力？

砰！妈妈一转头，只见阿弘用手揉着臀部，嘴里直嚷着："哎哟！好痛好痛。"

"你怎么走路都不看路，老是东撞西撞，像酒驾似的。"阿弘妈说。

"谁叫你把桌子放过来这么多，让我撞到！"阿弘抱怨。

"自己撞到还怪我？那为什么我和爸爸都撞不到？借口一大堆。"阿弘妈说。

阿弘站了起来，去拿妈妈帮他倒好的果汁，没想到才走几步路，果汁就洒了。

"唉！阿弘，你都二年级了，怎么连端个杯子都让果汁洒满地。"阿弘妈说。

"谁叫你倒这么满，还不都是你害的。等一下擦干净不就好了。"阿弘反驳道。

"你哪一次不倒得到处都是？难道你忘了，昨天倒汽水的时候，还把桌子弄得湿答答的。长得那么壮，手竟然这么没力气。"阿弘妈说着。

"这么爱说，要不下次你还帮我倒。"阿弘不甘示弱地回答。

"帮你、帮你，我还帮你喝、帮你走路、帮你跑腿哩！自己不好好留意，不专心一点，还好意思叫我帮你。要帮到几岁？"阿弘妈愈讲愈气。

每回只要想到阿弘人一动，不是走路跌倒、手肘撞到身旁的人，就是连弯个腰捡东西都很容易把身上的东西抖落满地，阿弘妈就忍不住生气起来。

但生气又有什么用？阿弘妈有些无奈。

"唉，这孩子也真是，已经讲到口干舌燥了，每次叫他小心一点，说也不听。"

她真的很想帮帮孩子，但又不知道该从何做起。总觉得这孩子有地方不对，但就是想不出是哪里出了问题。

是平衡感差吗？嗯，好像有一些。是动作协调性不好吗？嗯，又像有那么一回事。是不专心吗？倒也不全然如此，因为阿弘在做某些事情时也挺专心的，这一点，阿弘妈不得不承认。

只是，阿弘妈觉得，如果继续把问题摆着不管，阿弘的状况好像会愈来愈糟糕。

## 提升休闲娱乐专注力的秘诀

秘诀254　穿针引线

秘诀255　立蛋挑战

秘诀256　丘比特射箭

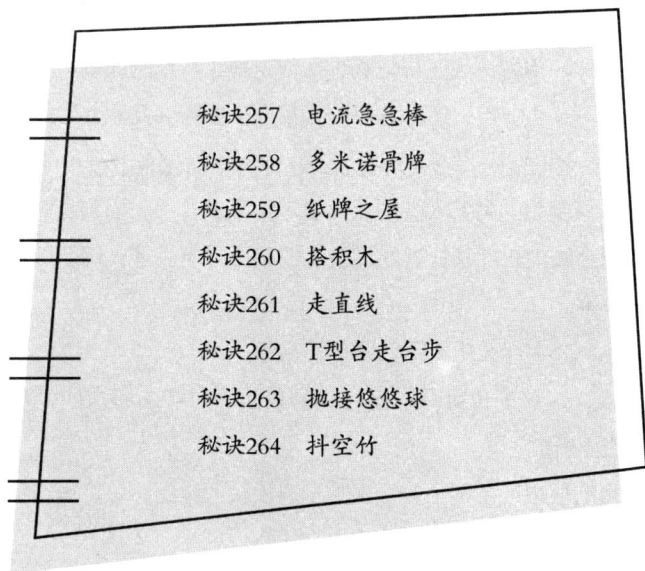

秘诀257　电流急急棒

秘诀258　多米诺骨牌

秘诀259　纸牌之屋

秘诀260　搭积木

秘诀261　走直线

秘诀262　T型台走台步

秘诀263　抛接悠悠球

秘诀264　抖空竹

## 秘诀 254 穿针引线

面对眼前这个细微的小针孔，孩子得稳定而优雅地充分发挥执行精细动作的能力，专注地将线穿过去。

这是一场视觉专注的练习，为了不让孩子被针扎到手指头，要特别使用没有针尖的针哟。穿针引线，试着让孩子动手做做看。

## 秘诀 255 立蛋挑战

立蛋是否一定要选在端午节呢？其实，立蛋活动可以在你和孩子方便的任意时间段开展。当然，想立蛋成功，除了需要平静的心情，还要有稳定与平衡的精细动作，以及屏气凝神的专注力，缺一不可。

选个好蛋，并且实际动手测试各种光滑或粗糙的平面，挑个好地点，动手立蛋试试看。不成功的话，还能打个荷包蛋或煮个蛋花汤，慰劳自己一下。

## 秘诀
### 256 丘比特射箭

射箭、射飞镖时，孩子要想顺利射中靶心，除了具备基本的专注之外，还得具备手的稳定性及手眼协调等能力，外加上一点点的运气。

让孩子像个丘比特，一起专注瞄准吧！如果没有箭、没有飞镖，或担心危险，索性练习将纸团投进前方的桶里也行。

## 秘诀
### 257 电流急急棒

在玩"电流急急棒"的游戏过程中，参与者需要非常专注，屏气凝神地使金属棒通过两条狭窄的、弯弯曲曲的铁条之间的间隙，而不能触及铁条，否则会接触到轻微的电流，导致无法过关。

当然，你不用真的去寻找或制作电流急急棒，但是可以以上述的迷宫游戏为参考，让孩子用笔走一遍纸上的迷宫，孩子除了要从起点顺利走到终点外，所拿的笔也要如同上述的金属电棒，在走迷宫的过程中，不能碰触到迷宫的边线。

秘诀
**258** **多米诺骨牌**

耐住性子，排列骨牌。游戏过程中，让骨牌竖立不倒。这不仅需要专注力，还涉及孩子的手眼协调能力、动作平衡感、手部及情绪的稳定度。当然，要使一个一个骨牌稳稳地依序排列，所需要专注力持续的时间也相当可观。

当眼见壮观排列的骨牌，能够一一顺利且优雅地倒在下一个骨牌上，直到最后一个，这也是一件很爽的事。

秘诀
**259** **纸牌之屋**

电影《纸牌屋》（*House of Cards*）中，被诊断为孤独症的莎莉，在影片里有一段让母亲瞠目结舌的活动，就是将纸牌一张一张堆成螺旋式的纸牌屋。当然，你与孩子不需要有如此神奇与特别的能力。

但是回到专注力游戏这件事，你却可以和孩子依自己的想法，尝试将扑克牌一张一张堆出各式各样的纸牌屋或金字塔。同样地，除了持续性专注力，动作平衡与手眼协调能力仍然必不可少。

秘诀
**260** **搭积木**

如果堆扑克牌的难度太高，那么不妨拿起积木一块一块地平心静气向上堆。鼓励孩子向自己的高度纪录挑战，你将会发现，在积木逐渐堆高的过程中，孩子的专注功力也随之加深。

## 秘诀
**261** **走直线**

让孩子练习走直线，可别东倒西歪的，否则会被怀疑"酒驾"的。在一步一步走的过程中，让孩子慢慢体会和感受自己保持平衡步伐时的专注。

提醒孩子，走直线的同时，也可以面带微笑，优雅以对！

## 秘诀
**262** **T型台走台步**

想象你是一个模特儿，除了前面的走直线外，再增加一点难度。例如，在头顶上轻轻摆放一本书，或双手拿着亚克力板，在板子上放一个乒乓球，往眼前的T型台走去，到了之后，转身，再回来。

记得，除了姿态要优雅外，头顶上的书本或亚克力板上的球都不能掉落。

## 秘诀
**263** **抛接悠悠球**

你是否还记得，儿时那套在手指上的细细绳圈，是如何将手中的悠悠球往不同角度抛出，并借由你的抛掷力或重力使悠悠球开始旋转的。或许来个"带狗散步"，让溜溜球在地上滚动；时而来招"劲力旋风"向前抛，再漂亮地将悠悠球收回你的手中。

要完成这漂亮的招式，在抛与接的过程中，专注力的充分发挥的确不可少。

## 秘诀
**264** **抖空竹**

抖空竹不只在传统艺术表演里常见，现在许多学校社团也有抖空竹的训练。

就像孩子们在表演抖空竹时，将专注力集中在各种招式上，如交叉运竹、蚂蚁上树、大鹏展翅、左右逢源、前绕后绕、倒挂金钩等。

让我们一起在这些抖空竹招式中，看见孩子专注力的呈现吧！

第十章

教室里的专注力

# 提升孩子在教室时的专注力

有时，在教室里，我们很容易把孩子许多不理想的课堂表现统统归咎到"不专心"上。似乎只要把问题归于孩子专注力有问题，一切就迎刃而解了。

但千错万错，却不一定是专注力的错——虽然，老师也很少认为自己的教学有错（不是错，是需要调整）。我们需要对教室里的孩子有多一层的了解。在看似不专心的表象之下，其实还可能有许多的原因存在。先不急着把问题马上推到专注力上，太过用力了，反而不容易发现真相。

的确，有些孩子的专注力是有些瑕疵，不是那么良好，这反映在联络簿漏抄或把簿子遗忘在某个角落的情况。而当学生的桌面总是一团乱时，也会让老师的教学心情跟着纷乱。

要让孩子的专注力在教室"发功"，老师若能多给予一些协助，孩子真的做梦也会笑（请放心，是指回家睡觉的时候）。

在演讲的场合，我常常会问台下的老师们一句话："请想一想，在孩子的专注力上，我们曾经为他做过什么努力？"

我相信，在某个教室里，一定有某位老师愿意为那位在专注力上需要被协助的孩子花心思，让孩子变得更专注，让生活与学习更美好。

## 问题三十四
# 真是孩子的专注力出了问题吗？

"王——春——和！"老师用力地敲着黑板，一个字一个字地叫着春和的名字。突然被这么一叫，手在座位底下把玩着扭蛋的春和，赶紧把扭蛋放回抽屉里，抬起头，正襟危坐，两眼直视着板起脸的美香老师。

"我已经警告你多少遍了？上课这么不专心，课本也不打开，只顾着低头玩扭蛋，把扭蛋拿过来。什么时候专心听课，什么时候再拿回去。"只见春和拖着脚步，手握着扭蛋，一语不发地低头走向讲台。

"你过来做这一题。"美香老师指着黑板上的除法练习，"说你老是不听，我看你的数学真的是完蛋了。"

窘在台上的春和，对着"$21 \div 3 = ？$"的算式发呆。底下的同学们三三两两地发出嬉笑声。

春和时而抠弄着指甲，时而捏着衣角。迟迟无法算出答案，美香老师接着说"除法课都已经上过那么多次了，竟然连二十一除以三等于多少都算不出来。"

美香老师气归气，心里却有些纳闷："要说春和不专心，倒也不尽然。上语文课时，他倒是常常跟着朗读课文。语文小考，无论生词、听写，也都有一定的水平，作业也没缺交。但为什么上数学课时，就老是爱东玩西玩，说了也不听，数学成绩总是一塌糊涂？"

杵在黑板前的春和，对于眼前的除法算式仍然一脸茫然。

"奇怪，这孩子怎么还是搞不清？这到底是专注力不好，还是数学底子没打好？"美香老师决定重新去翻翻春和以前一、二年级的数学成绩，"如果是数学概念不好，说真的，在黑板前做题也没多大作用。"

没有扭蛋的日子，春和在数学课上继续发着呆。

## 提升孩子在教室时的专注力的秘诀

秘诀265　乖，不等于专注

秘诀266　从结果反推

秘诀267　非战之罪

秘诀268　理解优先

秘诀269　找到问题根源

秘诀270　焦虑与分心

## 秘诀 265 乖，不等于专注

孩子乖乖地坐在教室里，就一定代表他够专注吗？当然不是。专注是一种内在行为，如果仅仅从孩子的行为表面来推断他是否专注，其证据力是很弱的。

有时，孩子安静地坐在位置上，眼睛注视着你，你可以说他很乖，能够遵守班级秩序，但是他的脑袋瓜到底有没有在运转？又是如何运转的？说真的，没有人知道。

有人问我："你的意思是说，上课不乖，也不表示他不专心？"嗯，没错。

## 秘诀
### 266　从结果反推

为了确认孩子在教室里的专注程度，你可以通过听、说、读、写、算等任何方法，或是让他动手表现出来，作为他在教室里是否专注的参考。

若孩子可以顺利地表现出符合期待的听、说、读、写、算能力，或是动手做出成品，可以肯定他在这些事情上能够充分表现出该有的专注力。但是，如果听、说、读、写、算或动手做，都没有表现出该有的水平，我们还是不能直接认定孩子的专注力有问题。

## 秘诀
### 267　非战之罪

千错万错都是专注力惹的祸；考试考不好，都是孩子不专心；功课拖那么久，就是孩子爱分心；上课问问题，孩子没反应，一定是没有注意听……

但，真的是这样吗？其实倒也不一定。

有时孩子考试考不好，可能是昨晚没睡好、没有复习、无法理解题意或缺乏计算能力。作业写很久，也有可能是作业不会写、精细动作能力不佳等。而上课没反应，也可能是孩子有所担心或焦虑。

这里要强调的是，眼前的孩子看似是专注力上的问题，在处理前，你可能需要先像美香老师一样抱着怀疑精神，弄清楚到底是什么原因，并且再次提醒自己：千错万错，不见得都是专注力的错。

## 秘诀 268 理解优先

想象你正在看一段韩语或阿拉伯语的影片，你正尝试从角色的表情与动作来猜测他们到底在传达什么。有一点可以确定的是——你实在听不懂他们在说什么。请问，这时你的专注力可以维持多久？如果维持不久，是否就表示你的专注力有问题？这倒不一定。或许你应该先解决听力理解的问题，再不然，就请对方贴心地附上中文字幕吧！

同样，坐在教室里的孩子也会有类似的状况。然而，他的理解力是否曾经被我们注意与考虑到？面对专注力，一定要先确认孩子的理解程度，这样才能知道他应该加强的是专注力、理解力，还是基本概念。

我自己在实际中就曾遇见，有些家长原本认为孩子的数学成绩不理想应该是专注力的问题，而希望安排专注力训练。但问题弄清楚后才发现，孩子真正需要的是补习数学概念方面的知识。

## 秘诀 269 找到问题根源

如何确认孩子成绩不理想是专注力不佳，还是基本概念与能力有问题？建议你选择一个安静的空间，尽可能把各种可能的干扰因素移除，将作业或考卷上的题目一道道地写在不同的纸上，让孩子在这安静的空间里，一次只做一道题，随后判断孩子在解题上是否正确。

在上述的情境里，已经试着给孩子创造出集中性专注力所需的安静环境，也就是说，把专注力分散的可能性降到最低。如果孩子在这样的情况下，仍然不会写或解题错误，这时孩子基本概念与能力不足的问题可能比专注力问题更严重。

反之，如果在上述的情境中，孩子都能一道题一道题顺利地解答，但是回到教室里，当你重新将整张作业或考卷交付给他，他的解题表现却不理想时，或许就可以进一步厘清孩子的专注力是否有状况了。有时面对一张考卷上满满的题目，孩子很容易眼花缭乱，专注力分散。

## 秘诀

### 270　焦虑与分心

分心，有时是焦虑在作怪。情绪对于孩子的专注力表现是很切实的。当孩子在教室里出现专注力涣散的情况——特别是每一个科目都如此时，便有必要进一步弄清楚，孩子现阶段的表现是不是焦虑或者忧郁在作怪。

但焦虑、忧郁的孩子，不见得能很充分地说出自己的身心状况。这方面，需要通过沟通才比较容易弄清楚。

请提醒自己，我们是否能够有效辨识出孩子的压力源。或者对于眼前孩子的状况，我们熟悉到什么程度。

自我检测一下，关于孩子的身心状况，你可以说出多少。

## 问题三十五
## 孩子老是漏抄或忘带联络簿，怎么办?

　　"小诺，你的语文作业第92、93页怎么没写? 你的联络簿不是都已经给妈妈签字了，怎么还是漏写作业? 不要老是这样，说你也不听。待会不准下课，马上补起来。"品清老师板着脸，边改作业边数落着一脸无辜的小诺。

　　"昨天不是只有数学作业和英语练习册第21页吗?"小诺拿着联络簿走回座位，问前座的湘琳。在班上，湘琳的成绩总是最好，品清老师常常爱赞美她。她是个很专心、很认真、很用功又很让人喜欢的女同学。

　　"是你漏抄了!"湘琳温柔地回应着，"下回你抄联络簿时，还是仔细核对一下比较好，不然老是被罚写，下课都不能出去玩，这样不是很累吗?"

　　"可是我也很专心地在抄联络簿啊! 而且也都很快就抄完了，不会像以前那样一直拖到放学前才抄完。"小诺努力地为自己辩驳。

　　"我没说你不专心，你现在抄得很快，这一点你的确进步很多。但是，除了抄得快，也要抄得对才行啊!"

　　小诺回想着一年级在茉莉老师的班上，和他同组相互检查联络簿的阿铮总是爱数落他说: "笨蛋小诺，连抄个联络簿都不会。是数学作业第59到第61页，不是第56页到第58页！"

"嗯，果然还是湘琳比较好，不像以前的阿铮那样爱骂我。"想到这里，小诺偷笑了起来，因为他对湘琳的印象真的很好。

"小诺，你怎么还在发呆？赶快把漏掉的语文作业第92、93页写完。再不写，今天你真的别想玩了。"湘琳略皱着眉对小诺摇摇头。

## 提升孩子在教室时的专注力的秘诀

秘诀271　背下来，再抄写

秘诀272　担任联络簿誊写员

秘诀273　双重确认

秘诀274　给个大对号

秘诀275　大声说出来

秘诀276　作业依序堆放

秘诀277　补写，不罚写

秘诀278　关于后果的选择

秘诀279　反问的作用

秘诀
**271** **背下来，再抄写**

孩子抄写联络簿，有时候习惯看一个字、抄一个字，抄完一个字，再抬头看另一个字。在这来来回回之间，专注力便很容易出错（这也挑战着孩子的转换性专注力）。

引导孩子，在抄写联络簿时，试着先将内容分段背下来，再抄写。直接从脑袋瓜里的短期记忆中提取，这样比较能够降低视觉搜寻及专注力转换时可能产生的错误。

秘诀
**272** **担任联络簿誊写员**

专注力涣散的孩子，总是容易在抄写联络簿时状况百出。为了改善这种情形，建议老师们将联络簿的誊写任务交付给孩子。

首先，在早自习时，老师将今天的联络簿内容交给孩子，让他先把这些内容抄在自己的联络簿上（第一遍），随后，再一次把内容写在黑板上（第二遍）。

由于孩子被赋予了"联络簿誊写员"的任务，势必要启动自己的专注力。同时，抄写了两次联络簿的内容，就能在其记忆中加深两遍。

记得，要适时给予"联络簿誊写员"奖励哟！

秘诀
**273** **双重确认**

让孩子两两一组，确认彼此抄写的内容是否正确，同时在放学前再次确认，毕竟联络簿还是得带回家的。

如果孩子老是容易将联络簿遗忘在教室的抽屉深处或某个角落，你可以随手帮个忙，在放学前说："小朋友，现在拿起你的联络簿，再打开书包，把联络簿放进去。"

## 秘诀
### 274　给个大对号

我常说，家长和老师之间的辖区需要分清楚。在学校，由老师负责；回到家，由家长负责，彼此通力合作。

当孩子在家里完成作业时，请让孩子养成习惯，在联络簿里完成的事项上，拿铅笔用力地画个大对号。这样，除了确认自己已完成的部分，在打对号的那一刹那，也能感到完成的爽快。

看见大对号，总是一件让人赏心悦目的事。同时，这样做也可以随时检视自己是否还有所遗漏。

## 秘诀
### 275　大声说出来

打开联络簿，让孩子把今天老师所交代的事情一点一点、一项一项，大声地读出来，并进行确认。

写完作业后，除了上述的打对号，也要再大声确认一次，例如："数学作业第28页至第30页，写完。语文第四课生字半行，写完。"

## 秘诀
**(276)** **作业依序堆放**

在检查孩子的联络簿之前，请让他按照抄写在联络簿里的内容，将已完成的作业、试卷、课本或学习单，依序堆放在桌面上，等待爸爸妈妈的检查与确认，就像秘书把文件放在老板的桌面上一样。

专注是一种可以培养的良好习惯，请试着让孩子养成这个好习惯。

## 秘诀
**(277)** **补写，不罚写**

在学校，当老师发现学生该写的作业没写或有遗漏时，可以让孩子补写，但不建议罚写，以免让他对做功课这件事产生厌恶感。

我知道老师难免会认为应该给孩子尝尝苦头，让他下次不敢这样了。但如果孩子本身连"信用卡"的"本金"都缴不起了，又该如何计算"循环利息"呢？这一点，在患有注意缺陷多动障碍或专注力缺陷的孩子身上很常见。

只是，家长可能要想想，若昨晚自己已认真检查联络簿并签字（签字是表示一种负责，不是练笔），怎么会没发现有遗漏呢？除非孩子联络簿漏抄了内容，或用铅笔写完又不小心擦掉了。

## 秘诀
**(278)** **关于后果的选择**

假如孩子在能力范围内未尽责任，该写未写，那么他的确需要承担未完成作业的后果，但请不要罚写。当然，这个后果也不等同于打骂，关键在于孩子对于这个后果是否在意与在乎。

打骂，某种程度反映着我们大人解决问题的能力有限——这点很容易被孩子看破。想要用打骂来催生出孩子的专注力，恐怕只能产生反效果，你的影响力只会愈来愈低。

好吧！不罚写、不打骂，那请问他该有什么后果呢？其实这没有标准答案，因为每个孩子的状况不一样。

但一样的是，你可以想想："我对他了解吗？在教室里，什么事情是他在意的、在乎的？"例如，有的孩子对于不能按时放学很在意，但有人就是一副无所谓的样子。

## 秘诀
### 279　反问的作用

除非你很了解孩子在意与在乎什么样的后果，不然，你也可以选择问孩子：

"功课没写完这件事，老师可以怎么处理？"

"功课没写完，你该如何负责？"

让他思考、回答，从自身出发觉察行为与后果的关联性。

若孩子回答你："不知道。"没关系，那就请他下课时坐在位置上，继续好好想。

若孩子这么回答你："老师，那就罚我扫厕所。""老师，那就罚我今天不能按时放学。""老师，那就……"

这时，你可以温柔又坚定地反问："为什么我这么做，你就会专心写作业？"

## 问题三十六
## 孩子的桌面总是一团乱，怎么办？

"林天奇！你以为自己是在摆摊做生意是不是？"利晴老师双手环抱胸前，眼神犀利地注视着天奇那凌乱不堪的桌面。

这时，只见其他同学扑哧笑了，交头接耳地说："老师要来开罚单了。""哈！这回他躲不掉了！""天啊！不知道他已经被开了多少张罚单了。"

天奇不以为意地将桌面的物品往抽屉里塞，只是原本的抽屉里早已挤满了东西，刚塞进去的课本、作业簿一本本地掉落，让天奇显得有些手忙脚乱。这画面更激怒了利晴老师。

"真是不像样！难怪上课那么不专心，光是桌上这些东西就足以让你忙半天了，还不包括你抽屉里的、椅背上的和地上的。"

利晴老师实在无法忍受天奇的桌面如此凌乱，愈看愈让自己的心情浮躁，总是坏了教书的心情。"实在是太夸张了，卫生纸、饮料杯、橡皮擦屑、断掉的笔芯、不属于这堂课的作业本、游戏王卡、贴纸、铅笔盒……"单单桌面上的物品就让她数不完，当然，天奇的整理速度更慢。

利晴老师非常在意教室里的视觉感受，简洁、干净、清爽，是她对于学生座位与桌面的基本要求，然而天奇总是挑战她的底线。

其实天奇本身没有这么想，但凌乱似乎成了他习以为常的模式，每天总是周而复始地由利晴老师提醒他收拾；利晴老师提醒，他收拾，利晴老师再提醒，他再收拾……说是收拾，或许也只能说是移位而已——把桌面上的东西塞进抽屉里，或放在椅子底下。

"到底该如何是好？"利晴老师一直在思索与苦恼着。

### 提升孩子在教室时的专注力的秘诀

秘诀280　铁板料理

秘诀281　只放有用的物品

秘诀282　自行判断

秘诀283　干湿分离

秘诀284　打造舒适的教室

## 秘诀
### 280　铁板料理

有时，孩子的专注力容易受到视觉刺激的干扰而涣散，这表示其选择性专注力有待提高。

我常常以铁板烧的料理台为例，每完成一道料理之后，厨师总会将眼前的铁板清理干净，再准备下一道菜。为了让每道料理都维持它原本的美味，不让盐、胡椒、料酒等调料混杂在一起，坏了彼此的味道，每回铁板的清理都有它的必要性。

铁板烧师傅教了我们一些事——孩子的桌面，也要按时清理。试着在每节下课时，让孩子移除掉桌面上不必要的物品。

### 秘诀
### 281 只放有用的物品

当孩子在书桌前正襟危坐，准备进行"上课大战"时，摆在眼前的"火力部队"以精兵作战为原则，只要一支笔、一块橡皮擦和一本课本就好，其余闲杂物品一律退出"战场"。

铅笔盒拿走，多余的文具用品也拿走，不需要的作业或其他干扰物统统都拿走。干净利落，桌面上只放有用的物品。

过多的东西，只会耗损孩子的专注战力。

### 秘诀
### 282 自行判断

当孩子必须专注在一件事情上，例如阅读、写作业、做试卷时，他周围的物品是否真的都要清空？这倒不一定，但多数情况下还是以尽量减少为原则。

但是，哪些物品适合出现，哪些物品最好远离，或许可以先让孩子自己来判断。同时，请从旁观察孩子的表现，看他是否能够维持应有的专注力水平。

## 秘诀 283　干湿分离

干湿分离？没错。有的老师对于孩子桌面的要求有一定的标准，例如课堂上，不允许孩子在桌上摆出一些瓶瓶罐罐，要求孩子把这些容易引起自己分心的物品，一律放入教室旁边的柜子内或椅背上的袋子里。

## 秘诀 284　打造舒适的教室

想象一下，你在不同氛围的教室里分别能够待多久？教室的氛围是让你有放松的感觉，还是让你感到烦躁——特别是在下雨潮湿的日子，或闷热窒息的夏日午后。

假如老师对于自己的教室都感到不舒服，要期待坐在座位上的孩子维持足够的专注力就更不容易。别忘了负面情绪很容易影响专注力。

试着组织全班动起来，让教室变得清爽。移除杂物，让干扰物远离视线，重新打造让老师与孩子都愿意待在里面很久的舒适教室吧！

## 问题三十七
## 如何让孩子在教室里更专注？

　　小薇老师望着坐在角落第一排第一个位置的君泽，他总是两眼放空，时而对着桌面发呆，时而把玩自动铅笔的笔芯或玩着桌上的橡皮擦屑。

　　小薇老师曾经教过类似专注力有缺陷的孩子，心想："一直提醒他、纠正他，告诉他要专心、要注意，作用真的不大。说久了，除了孩子自尊心下降，同学暗自嘲讽，自己的教学情绪与节奏也受影响，孩子的专注力表现仍然停滞。我看，我真的得想想办法，调整一下班级经营和教学方式，让君泽的专注力能够跟得上课程的脚步。"

　　小薇老师的态度算很积极的。她知道孩子不专心，有时不一定真是专注力有缺陷。

　　"到底是孩子的专注力不好，还是老师自己教得太无聊？"在教研中听过的这句话，让小薇老师学会不断自我觉察，反思自己的教学方式是否能引起孩子们的注意。

　　"各位同学，现在3分钟抢答比赛即将开始。每排第一个同学负责回答老师的问题，所以各排记得把你们知道的答案轻声细语、不让他组听到，但迅速地传给第一个同学。君泽、美惠、小田、绮绮、英明、志伦及耀强，7位抢答手，预备——"

　　这时，君泽两眼炯炯有神地注视着小薇老师，蓄势待发的积极模样，让老师感到很暖心。

　　"嗯，这就是我要的。原来只要老师愿意花点心思，对于分心、注意力涣散的孩子，果真能够重新将他们的专注力启动，调为聚焦模式。"

　　不只君泽的上课参与度变强了，小薇老师对于自己的教学技巧及班级经营的应变也深感满意。

　　"好，现在每一组的排头抢答手到前面来。刚刚是由老师问，小朋友回答，现在改由你们在黑板上出题目，让其他组作答。"于是，这七位排头抢答手需费尽心思，认真思索如何出好题目。

　　君泽右手轻抚着自己的下巴，头朝向左上方，不时轻轻点头思考着。这模样，真的是少见的专注。小薇老师知道这孩子的专注力回来了。

　　"嗯，这副专注的模样，我真的要让他们自己看见。"她赶紧拿起手机，将台上这7位同学的专注模样录了下来。

　　当然，"君泽也能够专心"这件事情，让小薇老师更加深深地相信："只要老师愿意在班级经营上做些改变，孩子一定能够适时反馈他的专注力给老师。"

　　想到这里，小薇老师发出会心的微笑。

## 提升孩子在教室时的专注力的秘诀

秘诀285　就是要好玩

秘诀286　加入"演"的元素

秘诀287　互"演"模式

秘诀288　走向学生

秘诀289　比赛有助于燃起活力

秘诀290　用眼神激起好奇心

秘诀291　宽容一些

秘诀292　全方位录像机

秘诀293　请发问

秘诀294　角色转换——学生变老师

秘诀295　练习出考题

秘诀296　任务在身

秘诀297　教室里的摇滚区

秘诀298　谢绝靠边的座位

秘诀299　专注，就有好反馈

秘诀300　分享换来专注力

秘诀301　发挥执行力

## 秘诀
**285** **就是要好玩**

好玩、有趣，孩子的专注力就容易不请自来。请仔细想想：如果老师对自己所教授的课程内容都不感兴趣，觉得索然无味，又如何能让孩子维持住在课堂上的专注力？

试着把教学变好玩。也许你觉得很麻烦、伤脑筋或费力气，但是，在教学上有成绩的老师，往往功力也在这里。

请你问问自己："我是不是一个教学有趣的人？"

## 秘诀
**286** **加入"演"的元素**

如果想要吸引住孩子在课堂上的目光与专注力，建议你适时在教学里加入一些"演"的元素。这一点，若你曾参与过或者听过我的演讲，应该会有深刻的印象。

试着把你所要传达的内容，通过丰富的肢体语言、表情动作和声音的变化来表现，甚至于有些戏剧性地把它好好演出来。别担心，不是要你走演艺路线！

## 秘诀
**287** **互"演"模式**

当然，"演"不能只有你在演，请让台下的孩子也有共同参与的机会。交互式的教学，特别是出其不意地让孩子参与，有时会让听者处于随时保持专注的状态，想着："我会不会是下一个主角？"

当然，不是要让孩子变得紧张，担心你什么时候会突然叫他上台演练（虽然有些畏缩、内向的孩子容易对此感到焦虑），只要你的教学气氛轻松、愉快，孩子就会乐在其中。

## 秘诀
### 288 走向学生

你是否曾经觉察过，在教学现场，自己总是站在固定的位置或坐在讲台椅子上，和台下的孩子保持着距离？你和孩子不是路上行驶的车辆，不用维持行车安全距离。

请记得，双向式的教学互动是维系孩子专注力的好方式。在课堂上请不要唱独角戏，若你一个人在台上自言自语，可是会让孩子进入睡眠状态的。

试着走入台下的学生之中，拉近彼此的空间距离。

当你通过走位来靠近孩子，适时地与他们互动，你将发现学生们能够维持很好的专注力，而且可以持续很长一段时间。

这是我在多年来的演讲中所发现的恒久不变的道理。在教室的你，我想一定也可以。

## 秘诀
### 289 比赛有助于燃起活力

有些孩子需要立即的反馈（患有注意缺陷多动障碍的孩子更是如此），而比赛，总是能够在短时间里达到这样的效果。

要维持住孩子的专注力，需要一些燃料。因此，补足这些燃料，在教学上做一些调整，是一条让孩子通往专注的捷径。

试着在课程里加上一些小比赛，如举手抢答、分组竞赛或上台作答。在不影响自己教学节奏的情况下，在课堂中加一些竞赛的成分，你会发现孩子的专注力将持续燃烧起来。

班上如果有泛孤独症的孩子，比赛的频率则建议低一些，因为这些孩子对于情境的变化较不易适应，对于比赛结果的不确定性很容易感到焦虑、不安。

## 秘诀
### 290　用眼神激起好奇心

"孩子的眼睛没有看你，请不要跟他说话。"这是我常常向家长与老师强调的一句话。保持缄默，先不急着开口，让现场的氛围先凝固。

注视着孩子，不管他有没有抬头看着你，先注视孩子。有点耐性，持续看着他，直到他眼睛注视着你。

纵使孩子的眼神开始留意你了，但请继续保持缄默。很有意思的是，当孩子不知道你要干吗的时候，反而容易激起他的好奇心，心想："你到底想要做什么、说什么？"让他对你的眼神留意。

把你将要对孩子说的话，先在心中酝酿、演练，就如电影中的对白。请提醒自己，说话如同花钱买广告——贵得很，因为预算有限，所以请记得说重点。

如果孩子专注力有瑕疵，你说太多话，他反而捕捉不到关键点，无法第一时间掌握你要传达的信息。

## 秘诀

### 291 宽容一些

课堂上要求专注，倒不是要孩子整日目不转睛或正襟危坐。这样的孩子，充其量只能说他正听话地乖乖坐在位置上。

如果你发现孩子坐"两脚椅"能够更专注于学习，在不影响教学或他人的情况下，在安全范围内，你是可以放宽对他的要求的。

同样地，如果孩子在上课时玩弄橡皮擦反而能因此更专注，这也是好事一桩。这就像有时大人转笔以维持专注一样。但转笔功力要好一些，不要老是掉。

想要孩子维持专注力，请给予他一定的宽容度。意思是说，不要对他要求过于严苛啦！

## 秘诀

### 292 全方位录像机

让孩子想象坐在教室里的自己，有如一台全方位的录像机。镜头（双眼）聚焦在眼前的老师与黑板、白板上，随着老师的走动教学，适时移动自己这台录像机，并将画面在脑海里同步播放。

孩子需要一点想象力。如果你愿意，试着让孩子拿起手机或相机，启动录像模式来拍教学的你。有了这种观看的经验，孩子要进行想象就更容易。

被录像让你感到不自在？那么，请跟孩子要求：画面只能在教室里看哟！

秘诀

**293** **请发问**

你可能发现，多数的孩子在上课时总是选择静默，不举手问问题，因为这对孩子们来说是最安全的做法，不问，就不会有错。

然而，你可以发现，常在课堂上问问题的孩子（患有注意缺陷多动障碍的孩子天马行空式的发问不算），他的专注力在班上可能相对是好的。

多鼓励孩子发问吧！采取事先指定谁发问，或自由举手发问的方式都可以。多问，可以让孩子自然而然地通过"问"，逐渐提升自己在课堂上的专注力。

秘诀

**294** **角色转换——学生变老师**

课堂上，可以来一个翻转，让学生转换角色变成老师。你可以事先指定这堂课由哪些同学负责讲课，而在讲课时，请让孩子以自己的方式表达。

可以让不同的孩子负责不同的内容，例如数学课，有人讲"等值分数"，有人说"异分母分数的大小比较"，有人谈"整数相除"。

你可能会质疑："孩子真的会教吗？"先别画地为牢，轻视了孩子的表达能力。我想，角色转换的重点不在于教得多好，而是让孩子在参与的过程中，更加凝聚自己在课堂上的专注力。

秘诀

**295** **练习出考题**

根据孩子自己对上课内容的理解，他们会出题目比会回答问题更重要。

让班上的孩子针对今天所教的单元练习出题目，甚至还可以偶尔和同学互解彼此出的题目。出题，也是让孩子练习主动参与。

虽然大部分的孩子可能会说考试是一件苦差事，但是对老师而言，出题更是件苦差事啊！

秘诀

**296** **任务在身**

责任感是一种自律，而要维持自律，基本的专注力是不能少的。

在课堂上，赋予孩子任务吧！让孩子化身老师小助手是一个选择。课堂上，孩子与老师成为共同体，让孩子参与你的教学，相互合作，可以使专注力不"打烊"！

秘诀

**297** **教室里的摇滚区**

如果你曾经去过大型演唱会，你会发现，摇滚区（内场最前方的一块区域）总是歌迷最期盼、同时也是与偶像最接近的位置。在摇滚区里，歌迷对于台上的表演总是带着持续性的专注。

关于教室里的班级经营，我常将其比喻为"演唱会"。如何让孩子维持专注？除了老师的演唱技巧、舞台风格和整体氛围外，当然也包括孩子坐在哪里。

　　你一定知道教室里的"摇滚区"在哪里。让专注力不好的孩子往前面二、三排坐吧！因为这里的视野最好，而且你也总是会接近这个区域。

　　走向孩子，他们的专注，需要你的靠近（这个重点是要反复强调、再强调的）。

　　当然，如果你功力好，时时走动教学，教室也可能全面都化为"摇滚区"呢！

### 秘诀 298　谢绝靠边的座位

　　别再把专注力涣散的孩子往遥远的后座安排，或往窗边、门边靠近了。在这些位置，这些孩子要维持专注力，基本上需要比其他人耗费更多的心力。

　　我常常在想，除非老师是故意要折腾孩子，否则他的专注力明明不好，为何有些老师还老爱把他往后摆、往门边放呢？

### 秘诀 299　专注，就有好反馈

　　反馈，可以让孩子知道自己在教室里如何表现出专注力，是一种很强劲的加持与助攻。这种双向的良性互动是很神奇又自然的方法，当老师具体反馈给孩子，专注的表现就很容易在教室里再次复制。

　　"我发现你上这堂课时，眼神一直注视着老师和黑板，而且能够适时地回答老师问的问题，也能提出你的疑问。"

"赞！老师发现你很仔细地用手指头轻轻滑过题目，也很认真地把答案又检查了一遍！"

除了点赞，孩子更需要你的具体反馈。

## 秘诀
### 300 分享换来专注力

分享，没错。在班级经营上，让孩子学会分享，分享自己在日常生活中的所见所闻，分享在课堂学习中的任何乐趣，分享自己的心情。

因为要分享，所以孩子得先学会关心和注意周围的事物。分享，正如同你我在微信朋友圈的分享一样。

## 秘诀
### 301 发挥执行力

试着静下心来，想一想："最近二十四小时内，在协助孩子提升专注力这件事情上，我是否曾经为他做过什么？"

对你来说，想要提升孩子的专注力，最关键的能力就是执行力。试着依孩子的需求，选择适合的秘诀，一起开始行动吧！

发挥执行力，帮助孩子走向美好的生活！